Parenting
with Presence

陪伴式成长，

和孩子一起成为更好的自己

［美］苏珊·施蒂费尔曼 著　于娟娟 译

中国友谊出版公司

图书在版编目（CIP）数据

陪伴式成长，和孩子一起成为更好的自己 ／（美）苏珊·施蒂费尔曼著；于娟娟译. —— 北京：中国友谊出版公司，2018.6（2019.11重印）

书名原文：Parenting with Presence

ISBN 978-7-5057-4411-0

Ⅰ．①陪… Ⅱ．①苏… ②于… Ⅲ．①家庭教育 Ⅳ．①G78

中国版本图书馆CIP数据核字(2018)第134545号

著作权合同登记号 图字：01-2018-4083

书名	陪伴式成长，和孩子一起成为更好的自己
作者	[美]苏珊·施蒂费尔曼
出版	中国友谊出版公司
发行	中国友谊出版公司
经销	新华书店
印刷	北京中科印刷有限公司
规格	880×1030毫米　32开
	8.75印张　188千字
版次	2018年11月第1版
印次	2019年11月第2次印刷
书号	ISBN 978-7-5057-4411-0
定价	48.00元
地址	北京市朝阳区西坝河南里17号楼
邮编	100028
电话	(010) 64678009

版权所有，翻版必究

如发现印装质量问题，可联系调换

电话 (010) 59799930-601

献给我们正在养育的孩子，以及我们自己！

目录
contents

"每个孩子都会令我们有机会面对自己思想和内心中黑暗尘封的角落，为我们创造恰当的条件，让我们学会怎样从旧的模式中解放出来，走向更开明、更充实的生活。"

"虽然我非常钦佩那些致力于有意识育儿的父母——他们鼓励孩子说出自己的想法，相信自己的感受和直觉。但我们必须为孩子们建立秩序，不要害怕定下规矩。"

"我们之所以难以全身心投入去陪伴孩子（无论他究竟是什么样子），原因在于，只存在于我们想象中的完美孩子，与眼前这个有血有肉的孩子区别很大。"

前　言

——埃克哈特·托利

《当下的力量》与《新世界：灵性的觉醒》的作者

开车上路前需要取得驾照，通过理论考试和实际驾驶考试，这样才不会为自己和他人带来危险。除了最初级的工作，大多数工作都需要取得特定资格，较复杂的工作更是需要接受数年的培训。然而，作为最具挑战、最重要的工作之一——育儿，却完全不需要父母接受任何培训或取得什么资格。

作家阿尔文·托夫勒写道："在为人父母这个领域中，仍然有很多外行。"缺少相关的知识或教育，是很多父母陷入育儿陷阱的原因之一。那些父母不一定未能满足孩子的生理或物质需求。也许他们很爱孩子，希望能为孩子提供最好的条件。但他们面对孩子在日常生活中带来的难题，会感到手足无措，也不知道怎样恰当地回应孩子成长过程中在情感、心理和精神上的需求。

旧时代中，育儿过度强调权威主义，但在当代社会，很多父母并不能为孩子提供他们迫切需要也非常渴盼的明确指引。家庭中完全没有规矩和限制，这就像一艘无舵的船，已经被船长彻底放弃，在大海中随风漂流。这些父母没有意识到，孩子们需要他们成为"船长"（苏珊·施蒂费尔曼的形容语），这个词并非暗示要回到以往权威主义的教育模式，而是要在过度限制和毫无规矩中间，一个不偏不倚的位置找到平衡。

然而从根本上来说，家庭功能失调的深层原因并不是父母缺少知识或教育，而是他们未能有意识地关注孩子。父母做不到这一点，就无法实现有意识地育儿！自觉的父母能够在一定程度上有意识地关注日常生活，而大多数人必定会时不时分心。如果缺乏有意识的关注，你和你的孩子以及与其他人之间建立起怎样的联系，会完全取决于你并不稳定的心理状况。你从你的父母，或者从你成长的文化环境中汲取的心理、情感反应模式、信念或下意识的不成熟推断，会掌控你的心理。

这些思维模式，很多可以追溯到久远的过去，无数代人以前。然而，如果能够保持关注——我更喜欢称之为保持陪伴——你会开始意识到自己的心理、情感和行为定式，从而控制自己回应孩子的行为，而非盲目遵循原有的模式。同时，最重要的是，你就不会再把这些模式强加给孩子。

如果没有陪伴，你就只能通过思想和情感与孩子联系起来，而非通过更深层次的本质。即使你各方面都采取了正确的做法，你和孩子之间的关系，也会缺少最关键的部分：本质。孩子们会通过直觉感受到，他们与你之间的关系中缺少了一些极其重要的东西，你从未全心全意陪伴他们，从未完整地展现出自我，始终有所保留。孩子们会下意识地推断，或者更确切地说，感受到你隐瞒了一些重要的东西。这往往会导致孩子潜意识中感到愤怒或怨恨，可能以各种方式表现出来，或者一直潜伏到青春期。

亲子之间的这种疏远状态至今仍很常见，但也在逐渐发生变化。越来越多的父母更加有意识地关注孩子，能够超越心理模式的限制，在更深层次的本质上与孩子联系起来。

家庭功能失调有着两方面的原因。一方面，缺少关于抚养孩子的知识或教育，导致了父母无法在权威主义的方式和现代的做法之间找到恰当的平衡点。另一方面，在更根本的层次上来说，是因为缺少陪伴和有意识的关注。

虽然已经有很多著作为父母提供有益的"育儿专门知识"，但没有几本书针对父母未能有意识关注孩子的问题，或者指导父母怎样利用育儿生活中的日常难题实现有意识的自我成长。苏珊·施蒂费尔曼的著作在两个层次上为读者带来帮助，我们可以称之为行为和本质。她为我们带来关于行为（佛教中称之为正业）的真知灼见和实用建议，也没有忽略更根本的层次——本质。

《陪伴式成长，和孩子一起成为更好的自己》一书会告诉父母，怎样把育儿转变为一种精神修行。这有助于从另一个角度看待孩子带来的挑战，使你意识到自己迄今为止都处于一种专注不足的模式中。认识到这一点，才能开始克服这个问题。

作家彼得·德弗里斯写道："在孕育出后代之前，我们有谁成熟到可以养育后代？婚姻的价值不仅在于成年人孕育后代，也在于孩子促使大人成长。"无论我们是结了婚的父母，还是单亲父母，孩子们肯定会帮助我们成长为更加成熟的成年人。是的，孩子会促使大人成长，但更重要的是，苏珊·施蒂费尔曼这本独特的著作会告诉你，在育儿的过程中，大人的"有意识的关注"是怎样提高的。

引　言

　　安吉在工作上是个女强人。她在一家小型健康养生杂志担任编辑，做事干练守时、精益求精。虽然下属有时觉得她事无巨细，什么都管，但安吉会想方设法创造出有吸引力的工作环境，提供各种工作福利。比如，允许灵活选择远程办公，休息室里备有大量有机零食。不过，安吉笃信，生活的意义不仅仅在于工作成果。每天早晨，她会倾听引导冥想，为即将开始的新的一天做好准备。安吉和她的丈夫埃里克在有孩子之前，会尽可能参与瑜伽静修。

　　埃里克开办了一家小型互联网营销公司，在家上班。他以不落窠臼的思维方式闻名，依靠他的创造力，以及勇于挑战、如期完成任务的声誉，不断取得成功。

　　他们的儿子查理出生时，安吉和埃里克都感到非常兴奋。他们努力让儿子有一个和父母小时候不同的家庭生活。对安吉来说，这意味着要找回当年她家里缺少的凝聚力和归属感。她的母亲酗酒、凡事漠不关心，安吉和她的姐妹们只能自己照料自己。埃里克的父母对儿子掌控欲过强，他们控制埃里克和他妹妹的一举一动，埃里克和妹妹都感觉自己被他们当成了牵线木偶。所以安吉和埃里克一致决定，既要关注孩子，也要给孩子自由，以弥补自己童年的缺憾。

查理慢慢长大，安吉和埃里克很高兴他有着善良的品格。但他性格易于激动，很容易感到沮丧、难以抚慰。查理牙牙学语时，一不顺心就大发脾气。他的父母希望能够同情理解、体贴关心孩子，他们努力为小查理解释，为什么他不能得到自己想要的东西，但这样做只会使事情变得更糟。而且，虽然查理对于要去"大男孩的学校"感到很兴奋，但当他真正开始上幼儿园时，却无法适应各种规定的限制。他几乎无法在讲故事的时间安安静静坐着，控制冲动的能力也很弱。只要查理看上了其他孩子正在玩的玩具，就会直接抢过来或者把人推开。

查理进入幼儿园后没多久，园长就打电话给安吉和埃里克，请他们来谈谈，查理动手打了别人家的孩子。在这第一次家长会之后，因为查理难以控制自己的行为，导致他的父母又去开了很多次家长会。查理四岁时，他的小妹妹出生了，他的表现开始变得更加糟糕。父母试着理解情绪化的儿子，但他们不知道应该怎样对待他——恳求、讨价还价、威胁、被迫满足他的要求。家里充斥着查理情绪激烈的吼叫，他的父母感到，为人父母之前那种平静的日子已经一去不回。成为"坏"孩子的父母，令他们感到不知所措，每天早晨他们都会紧张不安，不知道喜怒无常的儿子这一天又会闯出什么祸。

安吉和埃里克曾经以为，他们致力于自我品格的提升，多少会使育儿的过程变得轻松愉快。毕竟，孩子们都会自然而然地受到父母的影响，不是吗？安宁平和、充满关爱的家庭，以及照料周到的父母，难道不会带来和谐融洽的家庭关系吗？但这一次情况完全不同。安吉的清晨冥想已完全成为过去式，而且，即使她和埃里克努力避免，他们仍然经常吵架，互相指责。比如说，"如果查理那件事情你是这样处理，而非那样处理，事情就不会演变成现在这个样子"。

这对夫妻，与我在过去三十年中作为教师、家长导师和心理治疗师遇到的许多父母，都存在相似之处。**无论父母是注重孩子的个人发展，抑或只想顺顺当当，培养孩子快乐成长，当他们真正面对育儿的现实问题时，往往都会遇到困难，如果孩子要求过多或者性格倔强，尤其如此。**

即使孩子相对比较省心，我们仍然需要努力习惯这种日复一日的把孩子放在第一位的生活。从彻夜不眠的婴儿到家庭作业的争执，我们一路走来，发现自己必须努力培养出各种新的能力。比如，宽容忍耐，坚持不懈，以及反反复复朗读同一本图画书的耐心。一些更加注重心灵自省的人有时会承认，他们与孩子相处时会出现与此背道而驰的行为。他们完全无法想象自己嘴里会说出那种不堪的话语，可是那些粗俗的话从他们口中不由自主地冒出来了——声音还很响亮！

但就像安吉和埃里克一样，**我们往往会发现，教给我们最多的，正是我们的孩子**。这也正是《陪伴式成长，和孩子一起成为更好的自己》一书想要表达的主旨。

我们在稍后的章节中还会看到安吉和埃里克的故事，寻找出他们抚养查理时遇到的挑战转变成美好育儿经验的秘诀，同时看到这一经历是怎样治愈两人童年心结的。现在，让我先来讲一讲我自己的故事。

我十五岁时生活在美国堪萨斯州，我哥哥离家去上大学时，给我留了张便条，推荐我读一读他放在我房间里的那本书，帕拉宏撒·尤迦南达的著作《一个瑜伽行者的自传》。整整两年，这本书都放在我的书架上积灰，直到有一天，我终于翻开它，随即完全沉浸于其中，这个印度人追求神性的旅程，令我十分感动。

这本超凡脱俗的著作，似乎唤醒了我内心深处的什么东西，读完最后一页，我立即骑上自行车前往普雷里村的购物中心，向付费电话里投入好几枚硬币，拨通尤迦南达在加利福尼亚基金会总部的电话。我对着电话说："我想了解上帝。"

在一年左右的时间里，我按照尤迦南达的传统进行冥想，遵循"自我了悟联谊会"每周通过邮件发来的指引。我开始练瑜伽，探索各种冥想的方式。结合其他各种有益于内心和灵魂的行为方式，我最终确定了一种能够和我产生共鸣的做法。我非常依赖每日冥想带来的宁静，如果早晨没有静坐，我一整天都会感到不对劲，直到终于抽出时间完成冥想的仪式。

十八年后，我有了一个孩子。我不得不把每天早晨惯例的冥想抛到一边，在内心世界的修炼与家庭生活的日常琐事之间，努力找到平衡。一旦我执着于追求"心灵上的提升"，最终往往会感到紧张恼火。**我必须学会，面对平凡生活中的每时每刻——换尿布、讲故事，或者清理男孩玩耍后如飓风刮过一般的现场——学会享受其中，而非压抑忍耐。**

有一天，我在厨房里为儿子做烤奶酪三明治。我站在炉子旁边，等待奶酪融化，突然，我对于此时此刻发生的事情有了全新的认识。在房间另一边，那里有个奇迹，那个人，我爱他胜过自己的生命，而且，我可以用一个三明治来表达出我的爱。我心怀感恩，激动不已，因为我意识到，这种感受并非昙花一现，我可以在日常生活中进一步发自内心地体会这种豁然开朗的感觉，只要我愿意选择这样的生活。

育儿，是我的生活中出现的最大一次变化。我会尽可能抽出时间静坐冥想——起初很难找到时间，但随着我儿子逐渐长大，冥想的机会也变多了。我可以充分沉浸于自己内心的平静与喜悦中，体会到无穷的快乐，而且，冥想无疑会影响面对世界展现出的"自我"。但我也开始理解，用心生活，意味着全身心投入到眼前的生活中，无论那天早晨我有没有完成冥想的仪式。

在《陪伴式成长，和孩子一起成为更好的自己》这本书中，我将带你踏上一段属于你自己的旅程，为日常养育子女的过程带来更多的平和、喜悦，实现个人的成长和转变。你会在书中找到各种策略，帮助你在现实生活中更加用心地抚育子女，在这条复杂曲折的道路上跋涉前进。本书也将令你学到，如果被孩子触怒，感到难以保持平和（或者暂时失去冷静），应该怎样克制自己的脾气。希望你能探索各种各样的方式，把灵性带到你家中——即使你并无宗教倾向，或者你的孩子认为任何与灵性稍微相关的事情"一点都不酷"。

我相信，我在本书中与读者们分享的一些特质，可以帮助孩子们成长为自觉、自信、富于同情心的成年人。最终，你将学到一些非常实用的方法，能够帮助你灵活变通、有所选择地做出适当的反应，而非出于挫败、愤怒或害怕而做出反应，从而陪伴式成长，和孩子一起成为更好的自己。

如果在我们与孩子们之间的关系中，始终伴随着我们全心全意的参与和陪伴，比起同龄的朋友，他们会与我们更亲近，愿意向我们寻求指导和支持。此外，如果孩子们感觉自己得到了父母的喜欢、重视、珍爱——事实如此——他们自然更有动力按照父母的要求行事。面对与我们关系密切的人，我们会更加愿意合作，这是人类的天性。

无论你是个积极追求灵性的人，抑或只是希望更加有意识地承担起为人父母的角色，在育儿过程中更好地陪伴孩子，将为你们带来更多的爱、知识和欢乐。

欢迎踏上这趟旅程！让我们开始吧。

第1章

孩子是我们最好的老师

"父母是一面镜子，我们在其中能看到最好的自己，也能看到最糟的自己；能够看到生活中最美妙的时刻，以及最可怕的时刻。"

——米拉·卡巴金和乔恩·卡巴金

在印度，有一些人被称为在家修行者——这些男性和女性毫不动摇地坚持走灵性的道路，与此同时，他们决定建立家庭，而非生活在洞穴里或静修院中。他们选择通过家庭和工作中的经历，实现成长和发展，以日常生活中遇到的挑战为工具，实现自身蜕变。

很多人相信，心灵的成长来自于每日冥想、正念隐居，以及灵光一现的顿悟。**但实际上生活中一位最伟大的老师，正和你生活在同一屋檐下，即使这个人可能一直违反你定下的规矩，令你感到生气。**

育儿生活中，一切事情都切实出现在眼前，令人猝不及防。如果你的孩子把果汁打翻在新沙发上，要怎么办？如果长途开车去奶奶家的路上，孩子们没完没了地打闹，怎样控制自己不要发火？这些都属于个人成长的高级课程。你会彻底崩溃，还是能够保持冷静，更深入地了解现实情况，做出理性的反应，而非完全凭着第一反应行事？

真正的灵性，并不在山顶洞穴中，而在你的眼前，擦鼻涕，再玩一遍游戏，凌晨两点安慰哭闹的婴儿。**你的佛陀就在隔壁房间里哭闹。你要怎样应对这种情形，其中蕴含着无限的点化和灵性。**

孩子是我们内心的一面镜子

我们的儿女，就是神灵指定的老师，能够帮助我们改变自己的内心和灵魂，很多人会被这种想法所吸引。不过，把孩子视为老师这个理念，虽然听起来充满启发性，值得赞赏，但在认可这个理念和真正接受现实之间，仍然存在不小的区别。

孩子确实会唤起我们心中无法想象的爱。但他们也会激发我们性格中的阴暗面，唤醒我们一些不好的天性，比如容易不耐烦、缺乏宽容，这令我们感到羞愧，不知所措。

为了活在当下，关键是要保持平衡，但没有什么事情会像育儿一样如此考验我们的能力。养育子女绝不可能是平和安宁的，兄弟姐妹之间的争吵，做得乱七八糟的作业，因为电子游戏吵架，这一切都是家庭生活中非常熟悉的画面。心灵法则与眼前孩子们日常生活的现实，很容易发生冲突。即使经验最丰富的冥想者或瑜伽修行者，也会发现自己竟然对着孩子大喊大叫，威逼利诱或施以惩罚，即使他们希望在任何情况下都能保持冷静体贴。

俗话说："学生准备好学习的时候，老师就会出现。"我一直都很相信这句话，每当我准备好在心理、视野，或精神方面提升自我时，仿佛就会出现从天而降的机会，让我能够成长、进步和学习。也就是说，我其实并非始终一直刻意让自己成长、进步和学习！如果是那样的话，我会感觉自己像是身不由己地参加了一个并不想去的学习班！

在育儿方面，虽然我们并没有特意报名参加孩子提供的"课程"，然而最终往往发现自己被迫完成了意义深远的成长和进步。在这方面，我相信孩子可以成为我们最好的老师。虽然我们并没有刻意选择生个孩子来治愈自己童年时代的创伤，或者改善自我，但事实上，我们的孩子确实是给我们带来了这些机会——以及其他成千上万的机会。

我们也许会在孩子要求我们细闻身边的每一朵花的时候，发现我们作为父母并不耐心，从而开始试着放慢生活的节奏。孩子给我们带来的噩梦，同样也能培养我们的毅力，让我们在熬过一连串的不眠之夜后，仍然能够保持慈爱和体贴。

同样重要的是，孩子能够帮助我们克服自己的问题。如果孩子总是拖着不做家庭作业，我们也许会认识到自己身上也存在同样的问题，面对令人不快的任务时，我们一样会拖延症发作。看见遇到一点小麻烦就垂头丧气的孩子，就好像看见了镜子里的自己。我们会切切实实重温过去因为事情不顺利而崩溃的时刻。（也许就是当天早晨！）

有时候，我们从孩子那里学到的东西温柔甜蜜，小家伙们使我们能够付出和接受更多远远超过我们想象的爱和幸福。但一般来说，孩子性格中的某些方面会挑战我们内心的极限。我们也许会把自己的需要强加在孩子身上，如果他们不能按照我们的要求行事，消除我们的恐惧和焦虑，我们就会感觉自己一天到晚都处于战斗模式。每一天结束时，我们精疲力竭地上床睡觉，担心第二天早晨醒来，又要从头再来一遍。

为我带来难题的人，在个人成长进步中是必不可少的，我会想象我们两人处于转世化身的状态——脱离肉体的灵魂，对于彼此只会感受到纯粹的、无限的爱。（这只是一个理念，并不是说你必须相信轮回才能从中受益。跟我一起来试一试，看看这样想象有无益处。）

想象我们两人一起交谈（两个脱离肉体的灵魂以任何可能的方式交谈），彼此分享在未来生活中希望学到的东西。"我希望学会耐心。"我们中的一个人说。"嗯，我希望能够提高自己接受爱与关怀的能力。"另一位灵魂朋友说。"这样做如何？我会转世成为你的残疾孩子。从而我能学会更充分地接受别人的爱，你也能学会耐心。""成交！"这就是演说家和直觉感知者卡罗琳·迈斯所说的"神圣的契约"，我们与自己生活中的重要人物达成协议，精心安排各方面的细节，使我们成为自己想要成为的人。

每个孩子都会令我们有机会面对自己思想和内心黑暗尘封的角落，为我们创造恰当的条件，让我们学会怎样从旧的模式中解放出来，走向更开明、更充实的生活。下面，你会看到这样一个不断成长的母亲与她的女儿之间的故事。

让孩子敢于提出要求

凯瑟琳有两个女儿，十四岁的埃拉和十六岁的谢伊。"我和两个女儿相处得都很好——我们非常亲密。但坦白说，谢伊是个懒虫。她会把毛巾直接丢在浴室地板上，房间里到处都是乱七八糟的衣服，如果不提醒她，她从来不会主动刷碗。这些行为真的令我感到火大。我们谈过这个问题，但除非我不断唠叨她，她绝不会亲自动手收拾。"

凯瑟琳继续说："昨天，我温和地告诉谢伊，在客人前来共进晚餐之前，最好把她的房间收拾一下。我说话时她就那么看着我，然后翻了个白眼说：'妈妈——他们根本不会进我的房间！放松点！每次有人来家里做客，你都那么紧张。'我不由得大发雷霆，我为她做了那么多！她为什么就不肯为我做这一点点事情？"

我听了一会儿，然后问凯瑟琳："如果你对父母提出自己的愿望或要求，他们会有何反应？他们会仔细倾听，同意你的要求，还是完全无视你？"

她立即给出了回答，略带讽刺地说："如果我提出要求？他们不允许我提出要求。我们家可不会出现这种事。如果我告诉爸爸妈妈，我不愿去做他们让我做的事情，他们看着我的那种眼神，就好像我疯了。他们会告诉我，我是多么自私。所以我早就学会了不提要求，对于所有重要的人际关系，都抱有一种旁观的态度，甚至包括我的婚姻。"

我为凯瑟琳打了个比喻：你知道游乐园里的碰碰车吧？好，我注意到有些孩子坐进小车，僵在那里一动不动。他们从来没有开过车，不知道怎样踩油门开动小车，所以他们就那样待在场地中间，被另一些小司机疯狂地撞来撞去。

"也有些孩子处于另一个极端。他们会把踏板一直踩到底，从来不肯松开油门。无论他们把方向盘转到哪个方向，总是会在几秒钟之内撞上什么东西。这两种小司机都不知道怎样正确地踩油门。

他们要么一动不动，要么不管不顾地全速前进。"

我解释说："很多人会努力提出自己的愿望或要求。但有些人会消极地保持沉默。他们不会提出任何要求，他们感觉自己被人无视，无足轻重，并对此心怀不满。"

"我就是这样，"她告诉我，"这就是我的人生故事，从童年一直到结婚和离婚。我早就学到，提出要求只会令我周围的人失望。"

"另一些人会十分直白地提出要求，"我回答说，"他们压倒周围其他人，坚决走在自己的道路上，无论与别人多么疏远。"

"所以，"我说，"你是否愿意换个角度来看待你女儿的情况？你能不能把她看作一位老师，为你带来一项重要的课题？也许你已经准备好学习怎样提出自己的要求，因为你已经认识到，自己的愿望与周围其他人的愿望同样重要。"

凯瑟琳陷入了沉默。等到她轻声开口时，那种讽刺的调子完全消失了："哦，没错。是时候学会提出要求了。"

我对她说："想一想为什么孩子的行为会引起你强烈的怒火，也许就能使你从很久以前发生的事情中痊愈过来，成长为一个更健康、更完整的你。"

凯瑟琳走上了正确的道路。她还是个小女孩时，认为自己的愿望和需要完全不重要，因此感到悲伤——她在很久之前就把这种感受埋在心底，我们一起努力改变她的想法，不再依靠"修正"她女儿杂乱无章的习惯，来治愈那种悲伤。我帮助她认识到，她强烈地希望谢伊听话，是因为她一直盼着自己的愿望和需要能够受到重视，却未能得到满足，于是把这种希望投射到女儿身上。

我解释说，孩子们的任务并不是直接帮助我们。事实上，如果向他们提出我们的需要和愿望，他们往往会坚决拒绝让步。**他们似乎直觉地知道，自己没有责任按照我们的要求行事，治愈我们早年留下的伤口。所以，孩子们的错误行为确实是上天的礼物，因为如果我们愿意反思自己的内心，而非把自己受到的伤害投射到他们身上，也许就能解决我们当年束手无策的情感问题。**

我鼓励凯瑟琳，面对女儿的反抗时，细细体会内心的一切感受。"练习一下客观看待自己的内心，无论出现怎样的感受，为这些情绪留出空间，顺其自然。悲伤，愤怒，困惑，担忧。然后，也许再次感到悲伤。让这些感受在心中一一流过，无须压抑或控制。"

"体会你体内哪些地方出现了这些感受。这种感觉是沉重的？尖锐的？悸动的？无论你感受到怎样的心情，顺其自然，不要增强或减弱这些情感。充满感情地描述这些感受。'我心里充满悲伤。沉重，压抑，黑暗。现在则是愤怒。如此尖锐，如此强烈。贯穿了我全身上下！'"

"避免通过理性的左半脑来解释不安的心情。抑制住把这一切归咎于你女儿或特定情形的冲动。把注意力放在自己当前的感受上。要有耐心。这些情绪最终都会逐渐消失。你会感觉越来越好。想要摆脱这一切，唯一的办法就是一步步走过去。在这个过程中哀悼你未能发出的声音，未能得到的同情，因为被人无视而受到的伤害。"

这是个深入内心的过程，艰难而漫长。曾经的伤口，需要留出呼吸的空间才能愈合。在这个过程中，我希望你能善待自己，对自己保持耐心，即使孩子触动了你的一处旧伤，你也可以尝试通过新的方法处理这种情况。你会谨慎地开始调整心情，治愈自己。

凯瑟琳以前一直不敢表达自己的愿望，等她认识到这种性格的悲哀，也就准备好了尝试通过新的方式对女儿们提出要求。我告诉她，有人问到黛安·索耶保持婚姻长久稳固的秘诀时，她回答说："我很早以前就学到，批评只不过是通过一种很糟糕的方式提出要求。所以——直接提出要求即可！"

人际关系的四种模式

　　我们与他人之间的关系，一般可分为四种类别：被动模式、攻击模式、被动攻击模式、自信模式。

　　如果我们抑制自己的真实感受，假装一切都好，就是处于被动模式。在被动模式下，我们嘴上说着"是"，心里想着"不"，把别人的需要放在自己的需要之前，害怕激怒任何人。被动模式的父母不愿让孩子难过，迫切希望得到孩子的爱，因此屈服于孩子们的要求。

　　如果我们处于攻击模式，我们面对自己的孩子，会采取威胁和恐吓的手段，强迫他们屈从于我们的意愿。这种做法也许表面看来有效——阻止了错误行为——但我们会为之付出很大代价。孩子不会与我们亲近，因为我们在感情上无法为他们带来安全感。

　　被动攻击模式的父母通过羞愧和内疚来控制孩子。也许他们不会直接攻击，但那种隐约的内疚感和控制欲，对于孩子自我意识的发展害处很大。孩子会认为，他们对父母的需要和快乐负有责任，自己的意愿要排在后面，而这种想法并不恰当。如果你说："家里这么多孩子，只有你搞不清怎么摆餐具。"这会令孩子感到羞愧。如果你告诉她："我昨晚一夜没合眼，你坚持要参加班级旅行，我担心怎么才能付得起那笔钱。"她会不由自主地感到内疚。这些都属于非常不健康的亲子相处模式。

如果我们处于自信模式，就会成为孩子们生活之船的船长（第2章将进一步阐述这个概念）。在这种模式下，我们和孩子保持健康的界限，允许他们有自己的需要、愿望、感受和喜好，不会因为孩子与我们有所不同，就认为他们犯了错误。我们不需要孩子和我们自己一样，不担心他们会感到不快乐，同时也认识到，如果我们为孩子解决所有的问题，会妨碍他们培养真正的毅力。孩子知道，我们爱的是他们本身，而不是因为他们为我们做了什么，或者是因为他们的成就使我们面上有光。

处于自信模式下，我们会承认，孩子也许不想按照我们的要求去做，但不会认为他们的抱怨是针对我们个人，也不会把意见分歧上升到双方对抗的层次。我们会同情孩子的处境，允许他们体会自己的感受，但不会强行设下限制令他们感到失望。

我首先帮助凯瑟琳回忆过去，和她一起感到悲伤，她从未拥有过充满甜蜜和关爱的童年。这几乎令人心碎，但她勇敢地承认曾经的感受，并走了出来。

然后，我们开始练习自信模式。因为她无论在童年还是婚姻生活中，从未有过自信模式的行为，这对于她来说是个未知的领域。但这个过程为我们带来很多乐趣，我们尝试各种情形下的角色扮演，让她练习怎样通过正确的方式表达出自己的希望，而不是攻击模式（直接把油门踩到底）、被动模式（冷淡或压抑），或者被动攻击模式（羞辱或奚落）。凯瑟琳终于能够自信地传达出自己的需要，她喜欢这种感觉。

凯瑟琳卸下了自己的情感包袱，她提出要求时不再伴随着急躁和怒火，从而谢伊更容易接受她母亲让她做的事情。凯瑟琳开始练习怎样与女儿相处（我称之为第一步，陪伴），她让谢伊知道，她理解谢伊认为房间里到处扔着衣服并不是什么大问题。"你可能觉得，既然这是你的房间，你有权按照自己的想法决定东西怎么放。"谢伊感觉自己得到了妈妈的理解和认可，抵触情绪也不再那么强烈，更容易接受别人的意见。

"不幸的是，亲爱的，"她自信的妈妈继续说，"进入你的房间，到处都是乱七八糟的衣服，这确实令我感到头疼，既然付房租的人是我，我希望你做出更多的努力，保持整洁。我希望你每天晚上上床睡觉前，花五到十分钟的时间收拾一下。如果你洗完澡能让浴室恢复原状，那就更好了——也就是说，把你的毛巾放进洗衣篮里！"

凯瑟琳对女儿这方面的问题曾经非常敏感，在她找到隐藏在表面下的原因之前，她要么完全不踩油门（被动地什么都不说，但内心压抑着强烈的怒火和怨恨），要么拼命踩下油门（以批评和愤怒的态度，攻击性地对待她的女儿）。

而现在，凯瑟琳选择了另一种方式，把她的女儿视为一位很棒的老师，为她带来一项课题，使她重新学会怎样提出要求，同时也尊重别人的需要。凯瑟琳开始感觉与谢伊更加亲密，而家里也变得更整洁了！

爱的练习

在你的笔记中，首先写下孩子的名字。在下面列出孩子身上对你来说尤其难以忍受的一项问题——会激怒你、使你暴跳如雷的某种性格或者行为，也就是说，也许其他人只是稍微有点恼火，而你却对此感到非常生气。不要欺骗自己，诚实地面对自己。

下面列出一些例子：缺乏耐心、脏乱不堪、专横、自我中心、过于敏感、不会变通、过分谨慎、粗鲁、消极、肤浅、攻击性、害羞、不成熟、鬼鬼祟祟、挑剔、挑衅、容易沮丧、无礼、挥霍、评判他人、缺乏感情、固执、控制欲、不懂感恩、过于理性、多疑、喜欢争辩、缺乏主动性、软弱、胆小、执拗、喜欢抱怨、容易放弃、爱发牢骚、易于激动、焦躁不安、无法接受被人拒绝、拖延、不能坚持到底。

现在，回答下列问题，主要关注适用于你自身情况的问题。慢慢来，有时候，需要一些时间才能在我们条件反射的想法下面，找到隐藏的事实真相。

1. 你的孩子表现出这种行为，会令你想起过去生活中的什么人？你的父母或老师？哥哥或妹妹？以前的配偶？

2. 对于这个人表现出的这种行为或性格，当时你是怎样应对的？你是会退缩还是变得咄咄逼人？你是否会争辩？发脾气？藏起来？哭泣？你当时处于被动模式？攻击模式？还是被动攻击模式？

3. 这个人对于你的问题或抱怨有何反应？他是否会因为你的质疑而责骂你？他是否会反驳或轻视你的担忧？说你是反应过度？他是否会因为这些争论而惩罚你？是否告诉你先去解决你自己的问题？是否让你对于自己所说的话感到内疚？他是否会告诉你，他的生活要比你艰难得多？嘲笑你过于敏感？

4. 你的孩子表现出一种不受欢迎的性格，是否令你想起自己身上一些很难面对的东西？孩子们出现令你无法接受的行为，你自己是否也会做出同样的事情？随着你逐渐发现，你和孩子趋向于表现出同样的性格，你有何感受？

5. 你当年出现这种令人不快的性格或行为时，照料你的人是怎样对待你的？他们是否会批评或羞辱你？是否会把你和其他表现更好的兄弟姐妹进行比较？你会不会被丢在一边，或者被送回自己的房间，"想想你表现得多么糟糕"？父母是否表现得不再爱你？吼叫、威胁、体罚？

6. 你的孩子表现出同样的性格特征，为什么会令你感到伤心？面对孩子的本性，会唤起你身上怎样的特质？你会因此学到什么？孩子是否令你变得更加耐心？更能接受自己？更自信？适应性更强？

仔细研究，是什么隐藏在孩子的表面行为之下，触动了我们内心深处未解的心结，不要对此掉以轻心。如果你自己很难应对浮上水面的情感，请向值得信赖的朋友或训练有素的治疗师寻求帮助。

如果你能像凯瑟琳一样，选择把孩子视为你的老师，接受孩子带来的治疗和改变，将得到无限回报。

爱的应用

孩子哭个没完，我怎样才能不火大？

问题：我四岁的孩子哭个没完，我快要疯掉了。我知道她还很小，无法用言语表达出自己的意愿，但不知为什么，她哭个没完的声音还是令我怒火冲天！

建议：不只你一个人会遇到这种问题。孩子们号啕大哭的声音，总是会令父母们心烦意乱。但如果对此反应过度，只会导致问题更加严重。

试着把你女儿的哭泣视为一种完全中立的事件。就像孩子一直用铅笔敲东西，或者把脚踢来踢去，这些行为本身并无好坏之分。但如果我们认定孩子应该怎样，他们会感到生气，引起亲子之间的对抗。如果你要求孩子停止做某件事情，是因为你认定这样做会惹人生气，那么，除非你们关系非常亲密，反而很可能导致她坚持这样做。

也许听起来有点玄，但如果你能够进入一个新的层次，虽然注意到她的哭声，但不要直接贴上标签或做出评判，你就会说："甜心，我想听听你有什么需要，我很乐意等一会儿，直到你可以用正常的声音说话。"如果你的反应不那么强烈，你的女儿也会知道怎样更好地表达她的需要。

处于青春期的孩子非常无礼，这能教会我什么？

问题： 我的孩子十一岁，如果我让她去做什么事，她会翻个白眼或模仿我的样子。我觉得这种行为很不尊重人。面对一个无礼的孩子，我可以学到什么？

建议： 你有多少时间？面对无礼的青少年，我们能够学到的东西可以写满几本书！首先，让我们学会，不要认为这是针对我们个人。

处于你女儿这个年龄的孩子，明显缺乏正面的榜样，他们迫切地想搞明白怎样度过青春期生活，也开始形成自己不同于父母的个性。不幸的是，很多人会模仿电视综艺节目里那些孩子的负面行为，翻白眼和顶嘴只会引起观众兴致勃勃的笑声。

不要过度解读你女儿翻白眼的表情——这个动作本身只是通过一种笨拙而毫无效果的方式，宣布她不想做你让她做的事情，或者试探你的极限。如果你不认为这是针对你个人，就能直接对她说："你为什么不试试去做那件事，亲爱的。"——希望你也不要用无礼的语气对她说话！

被孩子无视，我能够从中学到什么？

问题： 我十五岁的儿子对待我的态度，就好像我不存在一样。他进门后径直走向自己的房间，甚至不跟我打招呼。他能教会我什么？

建议： 唉，育儿可能是个令人难以忍受的过程，尤其是对于那些心结难解，又感到自己被人无视、不受重视、不受欢迎的人来说。好消息是，通过有意识地体会这些感受，我们不仅能更好地陪伴孩子，也能更有效地治愈自己童年时代的伤口。

顺其自然陪伴孩子，不要把注意力集中于怎样改变你的儿子。如果你身体上出现反应——紧张、愤怒——接受自己的感觉，不要试图使之增强或减弱。仔细体会这些感觉——我肚子里……一阵阵紧缩……就像一个死结拉得越来越紧。

如果你的反应更加偏向于情感方面，体会自己的感受。"这是悲伤……令我想起中学时被人无视的感觉……我讨厌孩子们在午餐时那样忽视我……"

如果人们开始更多地陪伴孩子，理解孩子身上触怒他们的部分，虽然每个人的感受各有不同，但我的建议都是一样的。在着手解决孩子的问题之前，首先处理自己内心的感受。只有这样，你才能真正作为船长解决问题，而不至于因为自己的需要带来更多问题。

第2章

在育儿的过程中成长

塑造坚强的孩子，要比修复破碎的孩子更容易。

——弗雷德里克·道格拉斯

几年前，我开车送儿子上学时，驶往同一所学校的另一位家长在开车时糖尿病发作。她十一岁的儿子发现母亲已经失去意识，无法阻止汽车左右摇晃着失控，于是他解开安全带，试图控制住汽车。但他意识到自己根本不知道该怎样做，所以赶紧又在几秒钟之内把安全带系好，然后，他们的雪佛兰连续撞上四辆车——包括我们的车。直到他们撞上护栏后，他母亲才醒过来。值得庆幸的是，卷入这次事故的十一个人，没有人受到重伤。

孩子们本来就只是乘客。他们还没有能力驾驶汽车或操纵船只通过暴风雨——他们自己也知道这一点。但如果驾驶座上没有人，他们会本能地接管过来。**他们内心并不愿意这样，因为他们明白让一个不会开车的人把着方向盘有多危险；可生活中总要有人来负起这个责任。**

船长、律师、独裁者

我之前的著作《育儿无须对抗》，描述了父母对待孩子的三种方式：自信冷静地负责；双方谈判，争夺做决定的权力；或者为了控制孩子，与他们争吵。

船长——家长负责　　两个律师——没人负责　　独裁者——孩子负责

冷静自信的父母会负起船长的责任，他们态度明确、慈爱体贴，即使做出的决定可能无法让孩子完全满意，但他们还是会为孩子做出正确的决定。作为船长，我们需要灵活迅速地做出选择，引导孩子在暴风雨中前行，而不能基于触怒我们的行为条件反射地做出反应，这些行为其实是从我们自己的成长过程中延续下来的。

下面是个简单的例子。十三岁的女儿问你，她能不能去参加一次聚会，那里唯一能管着她们的只有其中一个女孩的姐姐，她自己也还没有形成良好的判断力。

妈妈："亲爱的，我知道你的想法，但不幸的是，我不认为这是个好主意。"

女儿："拜托，妈妈，我保证不会出什么事。"

妈妈："哦，亲爱的。我知道你感觉很不公平，我也知道你非常想去，但恐怕我不能答应。"

上面的妈妈是船长型的家长，表现出同理心和体贴，同时仍然意见明确、态度坚决。但如果你的孩子习惯于你经常改变想法或者态度暧昧，她可能会把你带入另一种亲子互动的模式。

如果父母与孩子争吵、对抗、谈判，那么就没有人是负责任的一方。把这种模式类比作两个律师。孩子们反抗父母，父母压迫孩子，彼此关系紧张，充满怨恨。下面是一个例子：

> 女儿："妈妈，你对我的态度就好像我只有两岁大。你从来不信任我！"
>
> 妈妈："如果你不能随心所欲，你就不高兴！卡蕾的姐姐自己都不成熟，我不相信她能照顾好你们。聚会时她很可能只顾得上她自己！事实上，去年我听说她……"妈妈为了自己的权威而争辩，她的孩子也会反驳。
>
> 女儿："那不是事实！别人指责她在学校卫生间里抽大麻，但她甚至连烟都不抽！只不过是其他女孩抽大麻时，她碰巧在旁边而已！"

这种亲子互动的特点是争辩、吵架，以及讨价还价。

最后，如果孩子成为发号施令的一方，父母会感觉失去控制，甚至十分恐慌，尤其是，如果他们想象别人会认为他们没有管好自己的孩子。他们试图重建秩序，恢复控制，通过威胁、贿赂或最后通牒对孩子施压，这种做法类似于暴君——并不具备真正的权威，只是通过威胁恐吓来实现控制。我把这种模式称为独裁者。下面是一个例子：

女儿："你就是无法接受，我已经不再是你的小宝贝了。为什么你不能管好你自己的生活？这样你就不会想要控制我的生活了。"

妈妈："就是这么回事，小姐。对于我们为你所做的一切，你完全不知感恩。我那么努力工作，就是为了养家糊口，而你从来不会说声谢谢。你不许去！"

正如你看到的，情况迅速恶化，妈妈很快就无法坚持自己的立场，从船长模式转变为律师模式，最终进入独裁者模式。

坚持船长模式，需要我们习惯于为孩子设置一定的要求和限制，从而在育儿的过程中可以表现得充满关爱、态度明确、保持自信。

定下共同遵守规矩

在咨询工作中，我经常看到一些夫妻出于良好的动机，努力避免重新犯下他们自己的父母曾经犯下的错误，但他们也不得不承认，在面对挑战的状况下，他们严重缺乏自信。"我应该允许十四岁的儿子抽大麻吗？他的朋友们都试过了。""我想让儿子别再给'魔兽世界'游戏充值，但他对此极为愤怒，一拳打在墙上，甚至打出了一个坑！""我们每次出去吃饭，孩子们就变成一群难缠的小家伙，除非让他们玩我的手机。为了省心，我可以妥协吗？"他们对于自己缺乏信心，害怕给孩子定下规矩，于是传达给孩子们一种父母并不确定自己的立场的感觉，或者更确切地说，他们只是害怕坚持原则，唯恐孩子生气。

有意思的是，我发现，**那些总是大发脾气的孩子，往往更加渴望与父母逐渐培养出真正的联系，也更加希望一切都有章程。** 有时，我与这样的年轻人私下接触，他们会告诉我，他们希望父母不要那么优柔寡断。也有时候，孩子认为定下规矩意味着深入牢固的亲子关系，他们会给出积极的回应，从而表现出这种内心的渴望。亨利就是这样一个孩子。

逐渐培养出真正的联系

布拉德利和梅利莎带十一岁的亨利来见我。他一边玩着便携游戏机（那是几年以前的事情），一边磨磨蹭蹭走进我的办公室，一脸倔强。他的父母温和地建议他先放下游戏机，和我打个招呼，他瞪了他们一眼，仍然继续玩下去。我和他的父母单独会面时，他们承认自己已经束手无策，完全不知道怎样应对儿子糟糕的表现。亨利是被年纪较大的父亲带大的，父亲认为男孩应该坚强，于是亨利从小就学会了压抑各种感受，他已经无法体会到诸如恐惧、悲伤和痛苦等情感，他表现出来的情绪仅限于挫败和愤怒。亨利已经是个大孩子，被激怒时会变得十分暴力。他的父母都害怕他。

然而，我与亨利单独会面时，我发现他其实是个温柔的孩子，但缺乏安定感。他似乎飘浮在半空中，不习惯与成年人密切接触，即使对方仅仅是关心他，不会对他提出要求。他与成年人之间的关系，大部分是别人强迫他去做他不想做的事情。

首先，我表现出对亨利很感兴趣，希望能够了解他。在我们的谈话中，他试着打开心扉，告诉我，他非常喜欢画画，梦想是设计视频游戏。我注意到，他的注意力一直在我们的谈话和游戏机之间不断切换，我让他把游戏机交给我——态度和蔼地告诉他，他似乎已经被游戏机牢牢绑住了。我把游戏机放在办公室的书架上，一连在那里放了好几个月，令人惊讶的是，亨利完全能接受。

亨利和我逐渐开始培养出一种真正的联系。我始终坚持友好和关心的态度，他慢慢开始信任我，把我视为盟友。我发现，指导他父母的过程更具挑战性。梅利莎和布拉德利对于我们在咨询中谈到的做法有些抗拒——陪伴亨利，而非与他对抗。他们一次又一次通过讲道理、贿赂或威胁，强迫亨利去做父母让他做的事情。感觉上，他们更希望我能改变他们的儿子，让他愿意按照他们的要求去做，而不是致力于改善亲子之间的关系。

一天傍晚，我的电话响了。布拉德利从一家餐馆的停车场焦虑不安地打电话给我。亨利在餐馆里大发脾气，跑到停车场，一直躲开他的父母。布拉德利和梅利莎拼命想让他们的儿子上车，以便开车回家。"你能不能和亨利谈一下，说服他上车？"布拉德利恳求我。

这真是个少见的请求，但我还是答应了，虽然不确定会有何结果。但随后发生的事情令人大跌眼镜：布拉德利靠近亨利，告诉他，苏珊在电话另一端，想和他谈谈。亨利马上接过手机。我只是说了一句："甜心，该上车了。"

"好吧。"

这就行了。他把手机还给他的父亲，上了车。

我所做的什么事情，是他的父母做不到的？我依靠什么力量让亨利答应我的要求？没有。但我确实拥有两样东西：首先，与他建立起真正的联系，他知道我喜欢他、欣赏他、尊重他；其次，在我们两人的关系中，我是船长。我不害怕他，我不需要通过他来支撑我的自我价值，我已经证明了，我是发自内心地关心他。他知道我是站在他那边的。

我是怎么做到的？全心全意陪伴亨利，倾听他的心声，接受他这个人本身。他知道我觉得他是个有趣的人。他知道我没有什么不可告人的动机，我对他一无所求。所以，他会积极回应我的要求，如果我们喜欢的人提出要求，我们都会倾向于同意。

可悲的是，亨利唯一能得到父母全心全意关注的时刻，只有他的父母努力说服他去做不想做的事情时——完成作业、洗澡、吃晚饭——要么就是他们要求他别再做想做的事情时，比如玩游戏，或者早晨躺在暖和的被窝里赖床。他们很少花时间了解自己的儿子，把他作为一个独立的人去了解——不是因为他们缺少对他的爱，而是因为像很多家长一样，生活的压力使他们非常忙碌、分身乏术。结果，亨利完全不想听父母的话，也不想投入时间和精力让他们感到高兴。他们在亨利这里缺少前期感情积累，不得不贿赂或威胁他，才能让他合作。

治愈自己未解的心结

也许你还记得引言中的安吉和埃里克，他们有个喜怒无常的儿子，想象中育儿生活的幸福画面，与现实发生了严重冲突。他们的儿子查理四岁半的时候，我开始帮助他们。他们来见我，是因为查理出现攻击性的行为，面临被幼儿园退学的危险。他们在家里也濒临崩溃，儿子时不时大发脾气，家里的气氛始终混乱而紧张。

首先，我们需要探讨安吉和埃里克围绕定下规矩发生的冲突。父母双方都不确定什么时候、在哪里、怎样为小查理划定界限。就埃里克而言，他很少明确限制孩子的行为，这是因为他被过于严格的父母养大，几乎一举一动都受到控制。于是他决定给孩子自由，让孩子可以做出自己的选择。结果，他也承认，自己经常会犯下一项错误：给儿子的指示模糊不清。

我们谈到令孩子内心受挫的概念。"埃里克，听起来，你似乎十分支持孩子们发出自己的声音，自由表达自己的想法。"他点了点头，对此态度坚定。我请他谈一谈自己的成长经历，他说到父母对他采取高压政策，控制他的一举一动。"如果他们要我上钢琴课，我就必须去上——并且每天练习。我不喜欢钢琴，但这一点根本不重要。这就是他们对待我的方式。我穿什么衣服也一样，看什么电视节目，参加哪种体育活动，全都一样——我在家里完全无法坚持我的个人意愿。我觉得自己是个软弱无能的人，我决定，以后绝对不会这样养育我的孩子。"埃里克十分明智地认识到，他的孩子是一个独立的个体，有着独特的性格，并不是他的替代品，用来实现他自己未竟的梦想。

但埃里克的心结，对于他怎样抚养自己的儿子会产生负面影响。"不幸的是，由于你自己在成长过程中受到明显伤害，你对于查理完全不设任何限制，以此弥补你父母当年过犹不及的严格，这实际上反而会害了他。"

我告诉他们，我遇到的很多父母都面临这样的困难，尤其是一些重视个人成长和心灵层面的父母。**虽然我非常钦佩那些致力于有意识育儿的父母——他们鼓励孩子说出自己的想法，相信自己的感受和直觉。但我们必须为孩子们建立秩序，不要害怕定下规矩。**鉴于查理的问题已经相当严重，埃里克开始以更开明的态度思考，是否还有其他做法，能使查理更加自信，而不会使他内心受挫。

至于安吉的做法，原因在于儿子的脾气会令她想起她母亲当年喜怒无常、大发雷霆的样子，她发现，如果查理提出要求，妥协要比定规矩更容易。他身边总是伴随着一种紧张的气氛，她发现自己并不想花费时间陪伴儿子，自己更喜欢把他放在 iPad 或电视机前面，这样他就不会惹出麻烦。但小查理期盼与母亲相处，即使这需要他调皮捣蛋才能实现。他发现，如果想要吸引她百分之百的注意力，不妨表现得夸张一点。在某些方面，他正在变成另一个亨利。

基本上，查理需要知道，他的父母能否为他划定一个范围，让他能在里面安全地探索这个世界。他的各种行为，实际上是在宣布，在生活的海洋中航行时，没有一位称职的船长，他会缺乏安全感。因此，每当查理产生挫败感时，他就想一下子瘫倒在地板上，到处乱扔东西，或者踢打父母。

我解释了育儿的三种模式，以及船长这个角色的重要性。他们两人一致认为，他们大多数时间处于独裁者模式——让查理发号施令，自行其是，直到情况变得不可收拾，他们只能用严厉的惩罚来威胁他，让他快些恢复理智。

然而，发火与他们重视心灵的价值观相违背，使他们感到内疚和悔恨。就这样无限循环下去——他们容忍儿子长篇大论的指责，直到自己抵达临界点，冲着他发火，然后又因为自己无法保持冷静和专注感到羞愧。

我给安吉和埃里克讲了埃克哈特·托利所说的"痛楚"——情感隐痛，这是消极思维的来源。他写道："**孩子有隐痛时，其实你也做不了什么，只能陪伴在孩子身边，避免做出情绪化的反应。否则只会加剧孩子的隐痛。隐痛可能表现得非常戏剧性。不要对这场戏信以为真，不要太当一回事。如果隐痛是因为期待受挫而引发的，不要现在就满足孩子的要求。否则，孩子会学到：'我表现得越不开心，就越可能得到我想要的东西。'**"托利指出，如果孩子彻底崩溃，或者找碴儿挑衅，这是他们的隐痛试图引出你的隐痛，把别人拉入这场闹剧一起痛苦，从而进一步强化其本身。

无论你是否熟悉这些句子，这个理念很有道理。如果我们认为孩子的错误行为是针对我们个人，我们的自我就会介入进来，感到绝望或需要施加控制，拼命维护自我。一旦我们的行为以此为动力，就不可避免地进入律师或独裁者模式，因为从某种意义上来说，自我热衷于反抗，劫持船长和冷静的领导者，令我们无法保护孩子一帆风顺地驶过暴风雨。

要求明确，充满关爱，真心陪伴

查理和他的保姆艾莉森在一起时，会表现得比较好。艾莉森二十多岁，还没有孩子，但她是在一个关系亲密的大家庭中长大的。她态度坚定，明确表现出愿意负起责任。她和查理之间的关系乐趣十足，充满关爱，而如果艾莉森要求他刷牙或者别再取笑他妹妹，他几乎总是愿意听话。我想，查理和艾莉森在一起时能控制好自己的行为，有很多原因。首先，艾莉森不会认为查理的行为是针对她个人，她不像安吉和埃里克那样，投入了大量时间和精力想把他变成一个"好孩子"，从而与他互动时不会显得那么迫切或绝望。换而言之，她不需要通过查理来证明自己是个好人或者能干的人。

还有比这更重要的原因。安吉谈到艾莉森和她儿子的关系时，有一点很明显，艾莉森喜欢查理。他们在一起时会尽情欢笑，艾莉森投入大量时间与他相处——玩机器人，搭建城堡，或者只是在院子里追逐玩闹。而安吉和她儿子的互动，大部分是为了完成待办事项清单——吃早餐，穿衣服去学校，洗澡，不像艾莉森那样，放慢速度，发自内心地陪伴查理。她聚精会神地听他讲关于恐龙的故事，提出一些问题，明显很欣赏他生动的想象力。他们一起玩耍时，她会把手机调到静音状态，从而查理就不会觉得自己必须一直和他人争夺两人相处的时间。艾莉森每天至少会与查理一起玩一会儿，明确表现出她是喜欢他的，对于希望孩子听话的父母来说，这一点非常重要。

艾莉森坚持向她和查理的情感银行账户中存款，给他很多次纯粹的陪伴、关怀、专注。每一次友好的互动，就像是在他们之间的关系"账户"中存入了一枚硬币，当她希望查理满足一项要求时，想要"取款"就更容易。**查理愿意与艾莉森合作，不是因为他害怕被惩罚，而是因为他希望让长辈感到高兴。**

安吉和埃里克描述了艾莉森的沟通风格，我发现，她对查理提出要求时，会表现得很认真，不是说着玩，而查理也知道这一点。

父母要求查理吃晚饭或者把鞋穿上时，他能感觉到他们并不坚决，而艾莉森讲话的方式令他感觉要求明确，充满关爱，十分坚定。这一切都促使他愿意答应。她提出要求时不会用"……好吗？"来结尾。相反，她会作为船长直接宣布应该做什么，如果查理流露出不情愿的意思，她会表示同情，但不会动摇。

安吉和埃里克承认，他们有些嫉妒艾莉森能让查理听话的能力。他们试着模仿她的说话方式，但查理还是会拒绝。我解释说，艾莉森并不是通过话语说服查理表现良好。**如果孩子感觉自己与提出要求的人关系密切，就会唤醒他身上合作的本能，自然而然愿意听话。**查理知道保姆喜欢他，从而他希望和她在一起时能表现得好一点。

让孩子体会悲伤的感受

在我帮助安吉和埃里克的过程中，还有另外一项需要探讨的因素：我想知道，如果他们让儿子感到悲伤或失望，他们会有何感受，长期处于愤怒或攻击状态的孩子，我经常会在他们身上看到悲伤或失望。我总是观察到，孩子不开心，会令父母难以忍受。事实上，有一句谚语说："最悲伤的孩子也比父母快乐。"虽然这体现出亲情的宝贵，但也强调了我们所面临的一项最大的挑战：要认识到，孩子也是独立的个体，总有一天会走上他们自己的生命旅程。

还记得，我曾经与亲密朋友萨莉交谈，当时我意识到自己的婚姻已无法挽救。我很伤心，面对即将发生的一切，我无法保护我的儿子。作为一位心理治疗师，我曾经见过很多孩子因父母离婚而痛苦，怎能让我儿子经历这一切？我对萨莉说："阿里不应该经历这种事——他的家庭以这种方式分崩离析。他对这一切毫无准备。"我永远不会忘记她的回答。她看着我的眼睛说："你怎么知道他会经历什么？"

我明白了。我认识到，虽然任何事情都不能阻止我尽自己最大的努力，为我儿子提供良好的生活，但他确实也会经历一些十分艰难的事情，而我无论如何努力都无法阻止。我最多只能在他感到痛苦和失望的时候，满怀深情地陪伴他。现在，他已经二十四岁，我能看得出，虽然我曾经希望保护他免受打击，但正是这些打击使他变得更强大，更富同情心。

这并不是说，我建议让孩子历尽千辛万苦来塑造性格，这完全大错特错。但**如果我们无法保护自己的孩子们远离痛苦的经历，仅次于此的最佳选择就是全心全意陪伴他们，让他们体会自己的悲伤和失望，帮助他们一起经历这个过程。**

《为人父母》这部电视剧中曾经出现令人心酸的一幕，很好地说明了这一点。克里斯蒂娜和亚当十四岁的儿子马克斯正在上高中，他患有埃斯博格综合征（一种自闭性社交障碍），虽然努力融入周围，但还是被人排斥。值得庆幸的是，有人发现他在摄影上极具天分，于是安排他担任年鉴的摄影师。不幸的是，他第一位拍照的对象，是个被朋友们围绕着、正在哭泣的女孩。女孩让马克斯走开，但他不理解别人的感受，坚持要为年鉴拍摄幕后照片，于是继续拍下去。学校叫来马克斯的父母，告诉他们，马克斯不能继续拍摄年鉴照片，老师改为安排他负责版面设计。他们恳求校长和老师再考虑一下，竭尽全力想让他们的儿子在学校里有一段美好的经历，但那个女孩的投诉，导致马克斯无法继续做下去。

克里斯蒂娜不得不告诉马克斯，他已经失去年鉴摄影师的位置。她走进他的房间，坐下来，满心沉痛地告诉儿子，他的任务已经不再是摄影，而是版面设计。"什么？我不想做版面设计！我想当摄影师！我最擅长这个了！"克里斯蒂娜说："我知道，马克斯，但老师已经做出了决定，不会改变主意。"马克斯大发雷霆。他完全想不明白这一切，他心里认为自己并没有做错什么，为年鉴拍照的人应该是他。他说："你打算怎么处理这件事？"克里斯蒂娜心痛地看着她的儿子，回答说："我只想和你一起坐在这里，一起感到难过。"

看到这一幕，我非常感动。克里斯蒂娜的儿子失去了一些对他来说很重要的东西，他原本满心期盼的东西，她克服了自己无法保护他的悲痛，陪伴他一起学着放弃，最终释然。她没有解释，没有辩护，甚至没有尝试让他感觉好一点。她只是在旁边陪伴他，相信他的失望就像汹涌的海浪一样，终究会退潮，他会以自己的方式战胜打击，接受现实。

帮助孩子战胜打击

我知道，埃里克和安吉希望查理能够快乐，所以他们经常会对他的要求让步，或者安慰他不要烦躁。他们承认，他们的儿子很少哭，这也不足为奇。这个小男孩如果不能随心所欲，就会大发雷霆，但他的愤怒很少会转变为真正的悲伤和眼泪。我让安吉和埃里克考虑一下，如果他们在查理受挫的时候，不是替他解决问题，而是帮助他感受自己的悲伤，会怎样？想象这种情况，他们两人都感到不安。"如果我爱我的儿子，"埃里克问，"我怎么可能不希望令他高兴？"

我问他们，归根结底，他们希望查理长大成人后是什么样子——他们希望他拥有怎样的才智和能力，令他们放心，知道他能过得很好。"我们希望他学会怎样与人相处，抱有积极的心态，这会为他带来生活中美好的事物。我们希望他也能应付艰难的时刻。"

我解释说，为了孩子内心的成长，让他们学会接受生活中的一切，必须经历以下几个阶段：否认，愤怒，当他们的要求无法得到满足时讨价还价，最终战胜抑郁，能够接受现实。我从伊丽莎白·库伯勒－罗斯关于死亡的作品中引入了这个概念，我的另一本著作《育儿无须对抗》对此解释得更详细。这几个阶段可以缩写为DABDA。

安吉和埃里克希望他们的儿子完全不要承受失望的压力，这就使查理进入所谓的DAB——悲痛的前三个阶段：否认（D），愤怒（A），讨价还价（B）。因为，如果查理逐渐变得灰心丧气，他们往往就会妥协，他提出要求时，开始进入否认（D）的阶段。可以理解，根据以往的经验，他不相信别人说"不"的时候真的意味着拒绝，所以他一直处于否认（D）的阶段，无法接受他的父母这一次不打算对他的要求让步。

查理与父母针锋相对，双方都怒气冲冲，进入愤怒（A）的阶段。父母和孩子仿佛互相发射杀伤力强大的导弹，双方都变得越来越愤怒。父母与查理激烈地争辩，为什么他的要求不能得到满足，双方进入讨价还价（B）的阶段，这实际上相当于鼓励他们的儿子可以提出任何要求。

面对查理时，要进入船长的角色，父母的内心需要足够坚定，能够承受他的悲伤或失望（库伯勒－罗斯称之为"抑郁阶段"）。这是一个重要步骤，帮助查理减少累积的挫折感，否则，他只要遇到自己无法改变或控制的事情，就很容易勃然大怒。除非孩子在需要无法得到满足时能够感受到悲伤，否则他永远无法进入接受的阶段。

"如果你们拼命努力，只为了不让查理感到悲伤，这是否意味着你们完全不信任查理能克服自己的失望情绪？查理会从中读到怎样的讯息？"我问。他们从这个全新的角度思考，受到了很大冲击。**他们开始认识到，如果他们替查理解决一切问题，或者为他的烦躁不安寻找理由，等于告诉他，父母对于他能否应对生活中的逆境缺乏信心——如果你希望孩子未来成长为性格乐观的成年人，最好不要再把这样的信息传递给他们。**

可是，安吉面对查理时，仍然不敢坚持原则。即使只是稍微想象一下，她都觉得心里害怕。"我不想承认，但我确实是个软弱的人。如果查理又开始大发雷霆，我无法想象自己还能坚持立场。这简直就像在飓风中坚持站得笔直！"

我让她站在我面前，想象她和查理在一起，而他正变得越来越生气。"体会你自己内心的感受。"她静静闭上眼睛，然后说，她感觉自己年纪很小，正在发抖。"我感觉自己就像个小女孩——不够强大，无法应对这一切。我想爬到一块石头后面，把自己藏起来。"

她承认，这种感觉很熟悉，令她想起当年一直无力应对母亲的焦虑和混乱。在她处于这种状态时，我告诉她，我要轻轻推她一下。她立刻失去了平衡，差点跌倒，勉强才站稳。

"现在，我希望你想象一根钢缆从你的头顶伸入，穿过你的身体，一直延伸到脚底，然后继续向下延伸到地球中心。想象这根钢缆坚硬而稳固，没有什么能使它移动或摇摆。感受你自己的力量，想象你是一棵古老的红杉树，深深扎根于泥土中，十分稳固。"在她这样想象时，我再次推动她，用的力气和之前一样。这一次，她不再那么容易失去平衡，稳稳站着不动。

"感觉怎么样，安吉？"

"感觉很棒！我能感受到自己的力量，稳定而可靠。我感觉自己的内心真正变得强大，不必强迫自己忍耐或保持坚强。我感觉自己终于像个成年人！"

我让安吉和埃里克一起来做几次这项练习，想象他们在查理又开始大发雷霆的时候，站在他面前，想象那根钢缆成为他们坚强的后盾。"记住，如果你们一切顺着他来。对他没有好处。如果你们希望自己的儿子成长为一个真正的成年人，能够面对逆境，你们必须培养他的适应能力，在他心里感到失望时，陪伴在他身边。"

"再进一步，要知道，你们无法保护查理永远不会遇到任何挫折或损失，接受这一事实，感受那种沉重的心情，然后想象自己稳稳站好，钢缆把你固定在地球上。依靠内心这种温柔而又坚韧不拔的力量，你们能够充满关怀地理解并接受儿子的感受，然后，帮助他走过否认、愤怒和讨价还价的阶段，让他面对自己真正的内心。"

我在三个月的时间里努力帮助这家人。我们讨论的重点在于，当查理遭受挫折时，他们怎样才能减轻内心的不安，不再一直想办法让他事事顺心。我们探讨了他们为什么担心会使孩子内心受挫，通过各种方法帮助他们更自信地应对孩子火暴的脾气。我帮助他们学习怎样与查理沟通，即使他的要求没有得到满足，也会感觉别人能够真正理解他。不要说"不行，你不能吃饼干当晚餐"（对于大多数孩子来说，"不行"是个很容易惹怒他们的词语）。我举例告诉他们，至少对于孩子的某些要求，可以通过对抗性不那么强的方式给出回应。"晚餐吃饼干！听起来很有趣！等你下次过生日的时候我们试一试怎么样？"安吉和埃里克都留出更多的时间陪伴儿子，让他感受到梦寐以求的亲密关系，这也使他希望自己能够表现更好，希望令父母开心。

育儿中内疚和羞愧的陷阱

安吉和埃里克心里有了底。但还有一个问题需要解决：育儿中的内疚和羞愧。当我针对怎样和查理相处的问题向他们提出建议时，他们的回答往往伴随着这样的感叹："我早就该知道"或"我们很可能彻底毁掉了我们的儿子"。我对此并不意外，根据几十年以来帮助很多父母的经验，我很清楚，如果未能达成自己理想的标准，我们每每会感到自责。**但我也知道，如果让脑海中这种批评性的声音控制我们的行为和感受，会带来多大害处。出于让父母心安的考虑，而强迫孩子表现得完美，这种行为不仅会伤害我们自己，也会间接给孩子带来压力。**我们必须努力克服这个问题。我与埃里克和安吉分享了我在这方面的经验，怎样对待自己脑海中批评性的声音——这个声音始终喋喋不休地评论我在某个时间或某次交流中的做法。最有效的应对方式之一，就是学着勇敢地面对这个声音——可以借助 EMDR（眼动脱敏与再处理）治疗，冥想和祈祷。但这个过程需要时间，不可能一蹴而就，也不是仅仅保持积极的心态就能实现。

有一天，我在房间里失手摔了什么东西。一个声音随即在我脑海中响起——那是个苍老的声音，说道："哦，你这家伙真是笨手笨脚！"另一个声音立即打断它说："你不能这样对苏珊说话！"我很高兴看到，我一直努力相信自己已经"足够优秀"，这一点终于融入我的内心。虽然还有很多方面需要付出大量的努力，但我开始接受，我也会犯错，也会失去冷静，缺乏耐心。既然我能够接受这些缺点，不再让"自我"责备他人或为此争辩，我也就能接受自己的不完美，毕竟，我也只不过是个普通人而已。

埃里克和安吉有些不适应，但他们在努力学习怎样不再让内心苛刻、批判性的声音破坏与儿子之间健康的关系，在这个过程中允许自己遇到障碍，经受挫折。这是个令人愉快的过程——看到他们尽自己最大的努力，同时仍然能保持平和放松的心态。同样令人振奋的是，他们进一步建立起彼此之间的信任，如果他们能够对查理坦率承认自己的缺点，理解他的感受，必要时对他道歉，就不会再把育儿过程中每一次挑战，都变成对精神斗志的考验。

我们自己也有成长的烦恼

有时，我们会犹豫是否要为孩子定下规矩，因为我们感到害怕。孩子的脾气令人提心吊胆，筋疲力尽，我们在周围蹑手蹑脚，生怕触怒他们。也有时候，我们担心，他们无法拥有自己渴望的东西，会感到"内心受挫"，这也许是因为，我们对当年父母是怎样给我们泼凉水的仍然记忆犹新。还有时候，我们完全忽视了自己作为船长的角色，因为我们感到矛盾，不确定是否要成为真正的成年人。

抚养孩子，促使我们加速进入成年人的世界——至少为已经做好准备、也有这个意愿的人提供了成长的机会。不过，一旦认识到作为父母要负起多少的责任，还是会为我们带来很大冲击。

我儿子还是个刚刚开始定时吃饭的小婴儿时，有一天，我喂他吃早餐，发现自己正在考虑，几小时后的午餐，他该吃些什么。我第一个念头是环顾四周，寻找家里能够安排这种事情的成年人——法律上的成年人应该安排定时的早餐、午餐和晚餐。在有孩子之前，我和我丈夫吃饭的时间很随意，都是最后一刻才随便弄点东西吃，基本没多少想法或计划。我突然意识到，接下来十八年里的每一天，我都要负责为这个孩子提供一日三餐，我整个人为此目瞪口呆！

坦白说，我觉得自己没有那么成熟，没有那么井井有条。但事实是，我生下孩子之后，面前已经铺好了一步步走向成年人的道路。我不得不接受现实，我就是这个家里的成年人，我也必须完全承担起这个角色。如果我们是人生舞台上的演员，就得扮演好每一部分角色！你看，我踏入为人父母的阶段后，才发现长大成人是一件多么棒的事情，我生命中最大的转变就出现在此时此刻。我也未曾像之前害怕的那样，失去自己身上天真有趣的一面。

刚刚出世的孩子十分无助，依赖性强。大自然使父母们具有一种本能，迫切希望确保孩子能够生存下来，最终没有父母的保护也能顺利度过人生。我们为孩子们定下规矩，为他们的世界划出界线，否则他们可能会冒险越走越远，但孩子们的天性就是会突破和越过这些限制。**确定界限，能够帮助我们更好地培养孩子，孩子会知道怎样克服失望，从而内心更强大，适应性更好，独立性更强。**

育儿最美妙的奖励之一就是：看到孩子们能够充满信心地面对成年生活中不可避免的坎坷与挫折。当我们认识到，我们所做的一切努力，不仅促进了我们自己的成长，也成为孩子们充满关怀的后盾，所有那些成长的烦恼——孩子们的，以及我们自己的——都是值得的。

爱的练习

反思一下你自己的童年，父母养育你的方式，是否会影响你和孩子们在一起时，担任冷静自信的船长的能力。

1. 你的父母是否使你具有健康的观点，对孩子们关怀备至，同时明确负起责任？

2. 你是否有意模仿你父母的育儿方式？你的做法有何不同？

3. 你是否有时候害怕为孩子定下规矩？是什么令你感到不安？

4. 有没有任何关于成长的理念或信仰，影响你是否愿意作为一个成年人对孩子们负责？

5. 你在育儿过程中是否经常感到内疚或羞愧，你在脑海中听到的批评性的声音是来自于哪里——父母、老师、教练，抑或另一些儿时对你很重要的人？

6. 你也可以试一试我教给安吉的练习，想象一根钢缆穿过整个身体，一直深入地球内部。在你的脑海中清晰描绘出这样一幅画面，看看你能否找到内心更深层次的力量，你和孩子们之间的交流互动也可以借助这种力量，让你心中充满关怀体贴，同时也保持果断坚定。

爱的应用

怎样才能把育儿和个人情绪分开？

问题： 我儿子不守规矩时，我很难相信他的表现并不是针对我个人。我会失去冷静，仿佛也变成了和他一样大的孩子，两个人放学后在操场上打架。被孩子触怒时，我怎样才能表现得像个成年人？

建议： 想象自己乘船漂浮在一个小湖上，你十分放松，甚至开始打瞌睡。突然，另一只小船撞了上来。你立即东张西望寻找那只船的掌舵人：他们怎么能这么不小心，撞上你的船！他们在想些什么？你的血压开始上升。他们怎么能这么不负责任！

你被激怒了，愤愤然寻找肇事者，你找呀找……但根本没有人！这只船停泊在码头时缆绳松开了，它会撞上你的船，仅仅是因为水流让它漂浮到这里。因为无法责怪别人，你随即冷静下来，也许甚至会想办法把这只船固定在自己的船上，带它安全返回岸边。

是什么发生了变化？只有你对这次事件的想法。你意识到，这只撞上来的船无人驾驶，没有人想要伤害你。这次事故根本不是针对你个人的。

你儿子表现不好时，不要认为他是想要冒犯你或惹恼你。也许他只是累了，饿了，或者想要得到关注。也许他在担心学校的事情，又或者只是心情不好。即使你的儿子故意来烦你，不妨思考一下隐藏在表面之下的动机，也许他这样做只是通过一种笨拙的方式满足自己的需要，并非出于恶意。

在生活中，不要认为其他人的行为是针对你个人，这是你能送给自己的一件最好的礼物。龙卷风并非蓄意撕碎一座房子，只是这座房子恰好在它的路线上。

在生活中继续前行，体会自己的挫折或失望，但要牢记，你儿子对你没有恶意，不要为此感到痛苦。他就像一只顺水漂浮的小船，面对生活中的挑战。当他表现不好时，想办法找到背后的原因帮助他解决问题，保持冷静超然的态度，不要认为那是针对你个人的。

我可以在担任船长时仍然当个有趣的人吗？

问题：现在，我开始试着担任船长，感觉自己可能会变得过于严格。我以前太过宽松，虽然现在认识到，如果我能更像个成年人，对孩子也更加有益，但我不想变成我母亲那个样子，她太过严厉了。我怎样才能在担任船长的同时，仍然做个有趣的妈妈？

建议：孩子当然应该享受生活。谢天谢地！否则，这将是个单调无聊的世界，每个人都只是沉闷地逐一完成待办事项，凡事按部就班。

记住，钟摆在正中央停下来之前，会在一端和另一端之间摇摆。如果希望在担任船长的同时，仍然能够和孩子一起享受生活的乐趣，你往往需要一些时间，才能找到最佳位置。随着时间的流逝，你会逐渐习惯于在必要时和适当时为孩子定下规矩，比如孩子想玩火柴或者从屋顶上跳下来的时候。

埃克哈特·托利讲过一个有趣的故事，他路过一所学校，当时刚刚开始放暑假，学校挂出一个大大的标语，写着"保证安全"。他想象正要放假的学生们看到这句临别赠言，又想象新学期开始时放假回来的孩子们，不由得笑了起来。埃克哈特说："最成功的学生会说，'我在整个假期里非常非常安全！'"显然，我们希望孩子小心谨慎，但同样要探索世界，享受其中的乐趣。

我的建议是：如果需要为你的孩子做出决定，你自己不确定这一次应该灵活处理还是态度坚决，不妨先暂停一下，权衡利弊。听从自己的直觉选择最佳处理方式。相信你自己。

满怀信心地担任船长的角色。你不需要和你母亲一样，也不需要像个军官一样。如果时机恰当，早餐吃冰淇淋也没什么，宣布一整天穿着睡衣度假也挺好，尽管去做！我完全不希望父母们读了我的书之后，认为自己不能再那么傻，不能再乐呵呵地面对孩子们。不要忘记：虽然船长们需要充满自信，知道怎样驾船驶过惊涛骇浪，但他们也要带着乘客在舞池中旋转！

孩子们会提醒我们去充满热情地玩乐、探索、拥抱生活。虽然你必须和孩子们一起成长，但这并不意味着你们的生活从此会缺少快乐与欢笑。

第3章

忘掉想象中的完美孩子

现实始终美好。是我们充满压
力的想法，使之变得扭曲。

——拜伦·凯蒂

伊莱·芬克尔在《纽约时报》上发表的一篇文章，列出统计数据说明父母生育子女之后生活质量的变化。"《科学》杂志发表的一项研究中，人们汇报自己前一天在16项活动中（工作、通勤、锻炼、看电视、吃饭、社交等）体会到的情感。其中育儿为他们带来的负面情绪，几乎超过了除工作之外的所有活动。育儿几乎要比任何一种活动都更加令他们感到疲惫。"

很可怕，不是吗？原本充满乐趣的亲子关系为何会变成这样——深情快乐的亲吻和拥抱都哪里去了？芬克尔的文章读来令人难过（他还援引了另一些统计数据，说明成为父母后患上抑郁症的情况有所增加），这篇文章促使我在Facebook主页上，以及与美国全国各地的家庭进行了一次有价值的谈话。只有承认自己面对生活（包括养育子女）的矛盾心理，才能找到我们自己的方式去拥抱生活。

虽然这篇文章意义重大，但也会带给读者一种感觉，为人父母就要面对孩子没完没了的需求，会带来很大压力，而且完全看不到隧道尽头的光明。要面对十八年的不眠之夜、财务压力，以及做爱的机会减少，这一切对人完全没有吸引力。虽然我从来不认为仅仅改变心态就能缓解焦虑，但我相信，如果对自己所处的环境始终抱有负面的看法，这不会给我们带来任何益处。事实上，养育子女真的十分艰难。如果要求自己坚持不切实际的行为标准（始终保持耐心，千万不能暴躁），只会进一步加剧芬克尔提到的抑郁问题。

育儿是一件吃力不讨好的事情。你满怀爱心地准备了非转基因的有机炖菜作为晚餐，然后你的孩子提出要求："我想吃黄油意大利面！"一切都混乱不堪。摸摸沙发垫下面，天知道你会发现什么腐烂的食物。一切都令人筋疲力尽。一位母亲告诉我，她毕生最大的愿望，仅仅是不受打扰的一夜安睡。

虽然我们希望有节奏地走过育儿生涯，让照料和喂养孩子的责任不再抹杀我们自己的个性，也不再无视自己的需要、情绪或愿望。我们期盼能空出几个小时的时间用来读书，或者希望上洗手间时孩子不要在旁边看着。当然，我们有时也会感到焦躁，有时也会失去冷静。偶尔乱发脾气，事后又追悔莫及。这就是现实生活。而**应对这一切的秘诀，并不是彻底赶走不愉快的经历，而是与之和平共处。**

完美孩子综合征

在《育儿无须对抗》一书中，我提出了一种理念，我们之所以很难接受孩子本身的样子，其实并不是因为她的行为有问题，而是因为我们会把这个真实的孩子，与我们心目中理想的孩子相比较。我们让孩子去倒垃圾，完美孩子会说："好的，妈妈！"而真实的孩子则发出一声呻吟。我们让孩子开始写作业，完美孩子会说："谢谢您提醒我！"而真实的孩子，会坐在电视机前发呆，权当我们不存在。完美孩子彼此能够友好相处，互相拥抱，分享玩具和最后一块蛋糕。而那些真实的孩子——嗯，估计你也能想象。

虽然孩子达不到我们的期望会令人沮丧，但我们之所以失去冷静，其实不是因为他惹人生气或不听话。我们失去冷静，是因为我们认为他不应该惹人生气或不听话。换而言之，**我们之所以难以全身心投入去陪伴孩子（无论他究竟是什么样子），原因在于，只存在于我们想象中的完美孩子，与眼前这个有血有肉的孩子区别很大。**

我们之所以会进入律师或独裁者模式，不是因为孩子的不良行为本身，而是因为这种幻想就像让我们吞下了"改变思想的药丸"，对我们产生了负面影响。我们内心仿佛有一大群律师，积极援引案例证明我们的抱怨是有理由的，进一步放大了这种烦恼。如果你心想，杰弗里应该更加主动地帮忙做家务，你脑海中的律师团队会踊跃地提供证据支持这种想法，然后就会出现各种各样的想法，比如，"他只关心他自己！即使只是让他把毛巾从浴室地板上捡起来，我都得念叨很多遍！"

只有当我们真正搞明白，孩子令人烦恼的行为也有其原因，才能抵消这些想法的负面影响：杰夫里并不是故意不帮忙做家务……他只是个正面对一大堆同龄人的问题，脾气不好的青少年。或者，因为我面对杰夫里的态度充满了急躁和讽刺，他拒绝给我帮忙是理所应当的。

如果我们能够从更广阔开明的视角来看待孩子以及我们的生活，就能更好地接受现实，而非与现实对抗。如果我们能够做出改变，就可以给出更好的回答，而非绝望地做出无可奈何的反应。不要让自己患上完美孩子综合征，也就是说，我们应该承认自己的抗拒心理，然后顺其自然。演讲家和作家拜伦·凯蒂曾经幽默地说道："与现实争辩，你必败无疑，这一点屡试不爽。"

虽然我们可能难以接受自己的孩子——比起现实的孩子更喜欢完美孩子——也难以接受与这样的孩子一起度过日复一日的现实生活，那与我们想象中的完美生活几乎毫无相似之处。但这同样也是个千载难逢的机会，能够帮助我们成长和进步。

对于有些人来说，成长会从一些小事中体现出来：以前我们从未想过要加入美国家长教师协会，但试着参与之后，我们在义卖会上意外感受到非常友好的气氛。也许我们一直都是坚定的和平主义者，却生了个对武器十分着迷的孩子。你看，我们总是津津乐道于给我们的儿子和他的朋友们打上标签。如果我们的态度一直刻板僵化，不愿接受现实，也许会错过一些最棒的经历。

坦然面对各种困扰

几乎所有人，都需要面对理想的完美生活与现实生活之间的区别。对于有些人来说，完美的生活幻象是微笑的妈妈、快活的爸爸，周围环绕着活泼可爱的孩子和家里养的狗；而现实可能是唇枪舌剑的离婚官司和监护权的争执不休。对于另一些人来说，完美的生活幻象也许是一大群吵吵闹闹的孩子在屋里折腾个没完，现实则是一个被困在轮椅上孤零零的残疾孩子。也许有些家长曾经想象过安逸的生活，在湖畔度假，送孩子们去上私立学校，却因为经济衰退过得捉襟见肘，全家只能挤进一间小小的公寓里，住在他们以前避而远之的城区。

很少有人能够完全掌控自己的生活，完美避开意料之外的坎坷曲折。无论你是抗拒抑或适应，人生始终会带来无数机会。我曾经见过一些处于同样境况下的人——重病、毒瘾、破产——他们对待生活的态度各有不同。心怀抗拒的人会长年累月承受痛苦，对上帝、父母或以前的配偶感到愤怒，因为这些人"迫使他们"面对毫无心理准备的挑战。而生活中顺其自然的人，对于一点一滴的快乐光明都会抱以谦逊、接受、感恩的态度。

面对理想的完美生活与现实生活之间的差距，与其牢骚满腹，不如努力成长，这需要我们学会放下过去。**面对困难时，与其咬紧牙关忍耐，不如视之为生命中的朋友，我们每天都有上百次机会来实践这一理念。**归根结底，生活就是我们面对眼前的各种突发状况，做出的一连串微观选择。

有时候，我们眼前的突发状况是婴儿正在我们腿上大便。我的朋友伊莱沙给我讲过一件事，他带着婴儿一起搭乘越洋航班，可是孩子肠胃出了点问题。如果他和妻子多带几包婴儿尿片，这次飞行会顺利得多。"我不得不决定，对于此时此刻发生的一切顺其自然，即使我儿子臭烘烘的尿布在我干净的裤子上漏了一大片。有趣的是，如果我不再抗拒已经发生的事情，仍然保持幽默感，我甚至能够在这种疯狂的状况中找到快乐！这件事令我和我的妻子爆笑不已。"

不难想象，这个故事如果选择另一个走向，会出现完全不同的版本："你无法想象我在航班上需要忍受什么！那真是地狱——我一辈子最可怕的九个小时！"

我曾经目睹父母们忘掉完美生活，接受现实，即使他们面临着巨大的困难，比如病重的孩子，他们的耐心和温柔一再令我折服。你也许会说"那些父母别无选择"，但他们其实可以选择，我们每时每刻都可以做出选择：我是打算抗拒眼前所发生的一切，满心痛苦和挫折地生活，还是打算根据周围状况调整自己的身体、头脑和灵魂，保持心平气和？

当然，这绝不意味着，在需要出现变化的时候，我们不应尽一切力量做出改变，我并不提倡被动地让生活碾轧我们。但就像俗话说的，"越是抗拒越是甩不掉"。虽然说，列出愿望清单和具备明确的生活目标也有其道理，但我们需要抛弃完美的计划，这样才能顺其自然，与孩子们一起享受当下的生活。

忘掉以前宁静的生活

西尔维生孩子之前过着一种安详宁静的生活，每周五天去上舞蹈课，定期参加绘画讲习班，现在却有一群很难伺候的孩子，令她感觉自己仿佛在大海中漂泊。"我感觉无处汲取心灵养分，"她承认，"即使我全心全意爱着我的孩子们。"

就像安吉和埃里克一样，她也满心内疚，感到自己没有作为父母"应该"具备的心态。"这比我想象的难多了。我知道自己应该有何感受——爱，感恩，快乐——有时候我确实也会产生这些感受。但我丈夫工作时间很长，我得独自一人照料一个常常闹别扭的婴儿和一个专横霸道的四岁孩子。我感觉自己身上仿佛有一部分正在死去。我会反复刷新 Facebook 主页，看看我的朋友们都在做什么，希望能与没有如厕训练和动画片的世界保持联系。我发现自己和孩子们相处时，情感往往游离在外：我在那里，却又不在那里。这令我感觉很糟。"

　　我和西尔维谈到，虽然为兴趣爱好留出时间是很重要的，但仅仅去上几次舞蹈课，显然并不能缓解她对日常照料孩子的抗拒心理。我想，如果她希望心平气和地接受目前的生活，她需要先忘记不得不放弃的昔日生活。如果缺少了这个步骤，她会被困在中间——既不能回到有孩子之前的生活中，也不能完全适应现在的生活。**以这种三心二意的状态抚养孩子，会带来不少育儿问题。如果孩子觉得我们心不在焉，他们会采取一切措施迫使我们把全部精力集中到眼前，哪怕是发脾气，出现攻击行为，反抗父母。**

　　我告诉西尔维："想要缓解你对育儿生活的不满，唯一的办法是体会自己的痛苦来源。这需要你面对自己的感受，即使你本能地拒绝接受。"我让西尔维平心静气，体会自己隐藏在抗拒下面的感受。

　　她告诉我："我心里气恼，感到没有自由，仿佛被关了禁闭，几乎要窒息——然后，这些感受又令我羞愧。毕竟，我是想要孩子的，虽然他们要求太多，也不能像外部世界那样令我感到兴奋，但这并不是他们的错。"

我让她细细体会自己的感受，不要分神思考外界发生的事情。"西尔维，那种感觉令你产生怎样的回忆？这种没有自由或者被关禁闭的感觉，是否有些熟悉？"

她沉默了几分钟，然后回答说："我能回忆起这种感受。就像我还是个孩子时，我最想做的，就是跳舞和尽情发挥想象力，但家里不可能允许我这样做。对我的家庭来说，舞蹈课纯属天方夜谭，而且因为我极富想象力，不想去做无聊的功课，但家庭作业占据了太多的时间。我感到……没有自由。"

西尔维从这个角度思考，发现了隐藏在自己内心深处的悲伤，抚养她长大成人的父母，一直想要改变她的天性。她的父母也是出于好意，他们作为第一代移民，为了让孩子能在美国长大做出了巨大的牺牲，毕竟，美国在教育和经济方面给他们提供了梦寐以求的机会。但西尔维是个明显趋向于右脑型的孩子，有着强大的创造力，满怀热情地希望通过动作和艺术表达自我。像所有的孩子一样，父母的赞美和爱护也是她最需要的东西。她需要知道——即使保持她的本性，她能够令父母感到高兴。"感觉自己的存在让最爱的人失望，会为孩子带来深深的伤害，"我告诉她，"这就好像有人告诉她，你的脚不应该是 37 码的，因为这样穿不上别人让你穿的36 码鞋子。"

"这是一处伤口——渴望自由表达自身独特的气质和兴趣——在你如今面对孩子感到沮丧时，会再次刺痛这个伤口，因为你不得不压抑自己的兴趣爱好，日复一日照料你的孩子。我能理解你为什么会感到不满——抛弃为你带来快乐和活力的事物，承担起为人父母的平凡任务，的确是一种巨大的损失。"

接下来几周，我主要帮助西尔维进一步深入体会这种至今未能释然的感受，她在小时候被迫压抑真正的自己。我鼓励她承认并接受自己内心的想法，体会随之而来身体上的感觉——沉重，蜷缩，颤抖——但不要在心里反复描述或思考这些感受。

随着西尔维面对自己的悲伤，默默体会这种感受，痛苦的情绪也开始弱化。令她感到惊讶的是，深入体会那些藏在抗拒和不满后面的感受以后，她对于自己和孩子都变得更加慈爱和体贴。随着这样的转变，西尔维开始变得柔和起来，事实上，她整个人看起来都更放松了。

几周后，西尔维告诉我："我也不知道怎么回事，但我发现自己对待孩子们更加有耐心了——更能享受生活中每一个瞬间。我不再整天捧着手机，想知道'现实世界'中发生了什么，而是更愿意参加和孩子们一起的活动。不再逃避自己的抗拒心理，反而使我能够从中解脱出来，真是令人惊讶！"

依靠孩子为我们带来好心情

如果客户准备好了面对自己长期压抑、有待解决的感受，这些感受会以极快的速度浮出水面，这一点经常令我感到惊讶。塞西莉亚是一位母亲，女儿五岁，儿子十八个月大。用她自己的话来说，她天性温和，而她打电话向我寻求帮助，是因为当她女儿发脾气时，她会对此感到生气。"我小时候，人们不允许我发脾气。我曾经希望我的女儿知道，她可以自由表达出自己的不满，但如果现在她真的这样做，我又会感到恼火。"

我问，在她感到生气时，是否内心中有一部分觉得，她的女儿打破了一项规则——孩子不应该发脾气。她承认自己确实会有这样的感受。然后我说，她自己还是个孩子时，必须隐藏自己的怒火，而她的女儿却得到允许，可以表达出愤怒，这一事实也会促使她内心感到不快，她表示同意。她很难心平气和地面对这样的双重标准——她女儿可以发泄出不愉快的情绪，而她自己一直被要求压抑这类情绪。

我请她体会一下自己的愤怒，不要评判或分析，而是纯粹的体会。"你的身体有何感觉？给我描述一下那种感觉。"

"就像一阵惊慌失措。我胃里感到难受，我双脚忍不住想动起来——仿佛我希望事物进展得更快一点。仿佛我想逃跑。"她接着说，她还会觉得面部肌肉变得紧绷，仿佛正在集中全部注意力——希望促成某些事情。

"不要给它下定义，也不要试图控制它。只需顺其自然，感受一下是否还存在其他情感，比如悲伤、恐惧或渴望。"我刚刚说完这句话，她立即开口说："是的，悲伤。还有渴望……"她开始哭泣，我能感觉到，她内心翻腾的情感中，有着深深的悲伤。

我基本保持沉默，只是偶尔说几个字，让她知道我在陪伴着她，同时在这个过程中尽量不要打扰她。

她把那种渴望描述为一个黑洞。"我能感受到它的存在，但它是那么大，我无法接触它，因为我知道我不可能……拥有它想要的东西。"她告诉我，她小时候不可以哭，不可以索要东西。虽然她父母和兄弟都会时不时发脾气，但就她不能那样做。"我会挨打，或者被关进我的房间里，直到我能再次变回一个'好'女孩。我尽可能待在自己的房间里，怒火冲天，却要努力平静下来。我是一个女孩，人们认为女孩应该保持安静，举止得体，不要惹出任何麻烦。"

"你真的很勇敢，塞西莉亚，能够体会、接受、容纳这种悲伤。谢谢你的勇气。"她的哭泣渐渐平息下来之后，她告诉我，她以前几乎从来不哭。我想，她自己也感到惊讶，那些很久之前的感受，在她愿意接受时，会以如此之快的速度浮出水面。

在接下来的谈话中，我解释说，悉心体会这些很久之前的感受，从中受益的不仅仅是她一个人，还有她的女儿。"愤怒只是伤害的外在表现。你很可能会发现，随着你体会到这种悲伤的存在，你女儿的做法也不再那么令人生气。"

我也告诉她，朝着这个方向努力，如果她的女儿不是发火而是感到沮丧，她也能更好地帮助女儿了解自己的悲伤。

我们再次会面时，塞西莉亚告诉我，上一次的突破，为她打开了一个全新的世界。她说，她完全没想到自己的反应可以这么平静。"甚至连我丈夫都注意到，我的声音变得冷静了。"但她感觉很难拒绝女儿，而且，女儿表现得叛逆时，她仍然会感到生气。我们讨论了一下为什么她害怕坚持立场。我让她大声说几次"不行"——不是以恳求的态度，而是宣布结论。

"我能感受到，我胸口仿佛有一股强大的压力或能量，但我无法让它发泄出来。这种感觉几乎令我窒息。"我没有催促她。她开始哭泣。然后我听到她说："不行！"试探性的，但很有力，随之而来的是又一阵泪水。塞西莉亚变得坚强了一点点，她哭个没完。

我们这次会面结束时，她显得轻松多了。我们笑着感慨，她有这么一个精力充沛、意志坚定的女儿，是多么完美。我说："塞西莉亚，这岂不就像冥冥之中自有定数？上天没有给你一个温顺的孩子，而是给了你一个坚定的孩子——她会说，'坚持自己的意见就是这样，妈妈！'你可以改变原本那种有需要也不敢开口的心态，现在你知道，完全可以自由表达意见。"

如前所述，如果我们能把与孩子相处时遇到的困难，视为一个为曾经的感受留出喘息的空间的机会，孩子往往会为我们的内心带来强大的疗愈作用。塞西莉亚正是如此，她希望能治愈过去留下的伤痛，这样的勇气也令我受到激励。

在前面两个例子中，两位女士对于育儿生活"实际情况"的抗拒心理，都受到童年时代未解心结的强烈影响。我想说明的是，虽然当我们对于现实生活产生明显的情绪反应时，回顾过去的经历寻找线索是一种很好的做法，但我不主张把所有的麻烦都归咎于我们的父母，或者无视当前压力的影响。婚姻紧张、工作问题、财务困难，甚至激素失衡，都会影响我们，让我们面对孩子和生活时产生抗拒心理。

如果我们把孩子视为帮助我们满足自尊和带来好心情的工具，同样会对孩子的实际状况产生抗拒心理。儿子在比赛中打入制胜球时，我们会因为看台上其他家长赞赏的目光拼命地表扬他。女儿在聚会上对客人彬彬有礼，大家都表扬她是个很有礼貌的小女孩，这令我们的虚荣心得到过分的满足。如果孩子有才华，性格好，得到人们的认可，我们为此感到高兴并没有什么错。但孩子们总能很敏感地感觉到我们的心情，他们希望得到我们的认可，完全懂得游戏规则。如果我们为了自己感觉良好，需要他们表现出某种样子，就会令他们感到受伤，因为这意味着，我们对于他们的爱和接纳是有条件的。

接受孩子的实际状况，会令我们认识到，他们也是独立的人，有着自己的优点和挑战。这样我们才不会依靠他们来弥补不安全感，也不会要求他们对我们的感受负责。这样我们就不会在意那些根据孩子的成就来评判我们的眼光。这一切使我们能够避免以自我为中心，在育儿过程中能够陪伴孩子自由地发展他们的天性。

拒绝接受现实是对孩子最大的伤害

接受，也意味着当孩子努力克服困难时，我们愿意面对这一点，而非逃避。莉萨的儿子卢克现在十五岁，她知道孩子的成绩正在下滑，但她认为这是因为高中学业要比初中难得多的原因。卢克参加聚会，晕晕乎乎地回来，她训了他，但也选择相信他的保证，这是他第一次碰那东西，也会是唯一一次。"我讨厌毒品，妈妈。"

他的朋友们来到家里，眼神闪烁，偷偷摸摸到卢克房间里去，她把这视为十几岁男孩普遍笨拙尴尬的行为。她发现儿子房间里有烧东西的气味，但也相信了他的解释，他没有碰毒品，那很可能是他在房间里用了一些古怪的熏香。卢克的两位老师给她发邮件说，第一学期他有两门课很可能会不及格。她告诫他要更加努力地学习，但一切毫无变化。卢克开始在周末一直睡到中午，她心想，这在他的这个年龄是很正常的。换而言之，她对于儿子的实际状况存在抗拒心理，拒绝承认他可能遇到了滥用药物、抑郁或学业问题，需要得到关注。

莉萨不是个坏妈妈或疏忽大意的妈妈，她很关心儿子，希望他生活幸福。但她拒绝承认现实，情愿认为儿子仍然是以前那个无忧无虑的、天真的小男孩。她对于卢克的"实际状况"存在抗拒心理，表现形式就是埃克哈特·托尔所谓的"拒绝接受现实"。她不认为儿子的行为意味着出现了需要解决的问题，而是不假思索地接受儿子的解释，相信他不喜欢喝酒，没有抽大麻，成绩下滑和一直睡到中午只是青春期的正常表现。**表面上看来是接受，实质上是被动地抗拒，或者说是逃避面对儿子的实际行为——拒绝接受现实。**

直到卢克两门课不及格，莉萨终于前来找我。我们发现，他一直有很多困扰，社交问题，父母离婚带来长期压抑的感受，数学能力存在明显差距，而且他完全不知道如何面对这一切。卢克一直试图用大麻、酒精和睡眠来麻木自己。在莉萨发现儿子在情感上有这么多烦恼时，她感到十分震惊。就是因为害怕那种不得不面对陷入困境的儿子时那种内疚和不知所措的感觉，她曾经选择对此视而不见。

克服抗拒心理，超越自己

昂首挺胸地迎接现实生活，需要我们克服自己的抗拒心理，虽然这个过程也许让人感觉很艰难。关于怎样改变自己以适应育儿生活的现实，每一位父母都能讲出自己的故事。我的故事，始于分娩那一天。

我是个聪明坚强的人，但在某些方面，我也有点软弱。比如，运动锻炼时我从来不会努力鞭策自己。如果我不找借口，克服拖延，也能优哉游哉地骑一会儿自行车，或者在跑步机上溜达几分钟。但事实上，我从未努力达到自己的极限。

所以，刚刚开始分娩，也许是第四或第五次宫缩时，我已经改变主意，完全不想生孩子了。当然，我曾经对于这一切感到激动兴奋，但情况变得越来越糟，我根本不想经历这种事情。

27 个小时之后，我八斤半的儿子出世了（我如此拼命地用力向下推，眼睛里的毛细血管都爆开了，看起来红红的）。我超越了自己想象中的能力极限，现在，我就像一只骄傲的母狮，会不遗余力地保护自己的孩子，他已经完全占据了我的心。

这就是生儿育女的作用，促使我们超越自己，克服抗拒心理，发掘我们自己都未曾发现的内心能量。每一位父母都要迎接以前从未想象过的挑战，他们经常认为自己不可能成为船长，不知如何驶过暴风雨。一旦遇到困境，他们就会对自己的能力失去信心，不知如何处理孩子对于父母离婚的愤怒，或者如何应对青少年出现的严重性的酗酒问题。于是他们决定睁一只眼闭一只眼。

但正是在这种颇具挑战性的时刻，我们才能克服抗拒心理，在育儿中进一步致力于陪伴孩子。要记住，不撕裂肌纤维就不可能锻炼出肌肉——这就是所谓的肌纤维增粗过程。依靠这些微小的撕裂，形成肌肉块。孩子告诉我们一些令人恐惧的事情时，如果我们能够倾听而不是打断，并教育她不必对我们隐瞒任何事实，在每一次这样做的过程中，我们也实现了自身的成长。我们发现，如果孩子受到伤害时我们没有因痛苦而崩溃，我们其实有能力做出更理智的反应。

这些育儿的时刻，不仅会影响我们怎样为人父母，也会影响我们成为怎样的人。忘掉想象中的完美生活，勇敢面对现实，体会自己的感受，不再相信有另一个想象的完美世界，月亮更圆，草更绿（孩子更好养），我们可以和自己的孩子一起，全心全意地面对当前的生活。

爱的练习

当孩子的行为方式令你感到不快时，集中注意力，花些时间静静体会自己的感受。也许你的女儿莽撞无礼，也许你的儿子对你的诸多付出不知感恩，我们很难做出理智的反应而不至于大发雷霆。

反复深呼吸，坐下来，感受自己的愤怒。不要分析，不要努力说服自己消气，不要增强或减弱这股怒气。让内心的感受顺其自然，不要评判这是好是坏。

你也许会发现，如果你安静地坐着，感受这一阵愤怒，也会有其他的情绪浮现出来，比如悲哀、失望、孤独，受到伤害，被人忽视，或者感觉自己无足轻重。关注并温柔地接受这些情绪，就像一位慈爱的母亲为受伤的孩子带来安慰。不要急，慢慢来。

体会自己心里所有的感受，为之留出空间。孩子的行为令人心烦，最初使你勃然大怒，之后也许更加接近于悲痛或忧伤。你可能会想起自己童年时代的痛苦，发现自己对孩子产生的怒火，或多或少来源于当年受到的伤害、未解的心结。充分体会心底浮现出的所有感受，尊重并温柔地对待每一种情绪。

等到你准备好的时候，花些时间重新找到方向，深入自己的内心，感谢自己能够鼓起勇气和付出努力来体验这些痛苦的感受。如果这样做令你感到非常痛苦，不妨考虑向专业心理咨询师寻求帮助。

爱的应用

怎样才能接受现实生活？

问题： 我的婚姻生活即将结束，我感到很难应对孩子身上的一些常见问题，比如抱怨不想做作业或刷牙。我几乎无法接受自己如今的生活。我试着忘掉自己的需要，纯粹为孩子而活（他们同样受到了伤害），但我感到十分迷茫，生命中原以为十分牢固的羁绊已经消失。我发现自己养成了晚上多喝一杯酒的习惯，只为了在度过艰难的一整天后不会感到过于沮丧。

建议： 怀抱不舍的心情与以前的生活告别，面对未来的不确定性，是一件非常悲伤的事情。我强烈建议你专门留出一段时间，用于振奋精神，抚慰心灵。至少，如果你能对自己负责，在这方面为孩子做出榜样，就可以教会他们怎样迎接生活的挑战，而非让自己变得麻木。

面对艰难的环境，良好的恢复治疗非常重要，比如忠诚的朋友带来温柔的安慰。始终抱有平和的心情会带来很大帮助，也许你可以求助于瑜伽、冥想或正念冥想。当然，在你努力走过这段艰难的日子时，饮食、睡眠、运动，以及好好照顾自己，也都是非常重要的。

虽然我们会尽最大的努力避免生活发生剧变，但有时候，我们也不得不接受正常的变化，接受一种新的生活。我始终坚信，我们天生就有能力应对生活中遇到的一切问题，但我们必须找到并应用这种能力。诚实地面对自己正在经历的痛苦，才能解决问题，如果想要把它掩埋起来，只会引发不健康的行为。为人父母并不意味着成为牺牲者，没必要否认自己的需要，压抑自己的情绪。寻求支持，克服你的悲痛，无论你现在心情如何，你和你的孩子终将安然度过这次悲剧。

确定自己为什么会认为当前状况十分可怕，也能带来一些帮助。引起痛苦的，往往并不是某个事件本身，而是我们对当前事态的信念和想法。如果你的思想被困于未来（想象中的孤独或恐惧）或过去（曾经的渴望或愤怒），你很可能因此感到苦恼。但如果你能够让自己全身心融入当下——体会自己的一呼一吸，感受空气在皮肤上拂过——也许你会发现，此时此刻，你心情很好。确认是哪些想法为你带来痛苦，认识到，其实你没必要相信这些想法。

如果你现在正面对一个实际问题，集中注意力来处理这个问题。警惕不要陷入一种错误的模式，放弃眼前的问题，被充满压力的想法引向过去或未来。这样做虽然并不能让事情变得更好，但有助于缓解脑海中负面思想带来的额外负担。

怎样才能不再和我的孙子讨价还价？

问题：过去一年半中，我和我丈夫一起照料我们的孙子。我孙子天性叛逆，我努力接受这一点，但实在感到筋疲力尽。一切都要讨价还价——想要花更长的时间玩游戏，坚持"晚一点"再去做家务，或者突然感到很累所以拒绝洗澡。我知道，如果我不再期盼他是个更随和的孩子，就能更好地应对这一切。但我希望不要再出现这些冲突和争辩！

建议：我上一本书的内容，就是专门针对育儿中的对抗，所以，这里只简单讨论几点。首先，如果我们对孩子有什么要求，往往趋向于居高临下地威胁他们，而非与他们处于平等的地位，这会激起他们的叛逆心理。孩子们能感觉到我们的无可奈何，他们聪明地知道，自己无须对我们的幸福负起责任。除非亲子之间关系亲密，感情很好——这是孩子眼中真正权威的基础——否则，我们与他们互动时打算提出的要求，他们很可能会抗拒。这是人类的天性。我曾经听过一句非常明智的话："最迫切想要得到特定结果的人，力量最小。"

如果你的孙子希望晚点再做家务或者不要洗澡，改变那种想要战胜他的心态，同情并理解他的想法："我知道，玩游戏比洗澡要有趣一千倍。更糟的是，你几乎马上就要升级了，我却冒出来让你把它关掉。"和听起来一样简单，让他知道你理解他的感受，这会带来很大帮助。

我有时会提到，人际关系也具有 pH 值。在科学界，如果溶液酸性太强，希望使之变回中性，我们不是去掉酸性物质，而是增加碱性物质，从而恢复酸碱平衡。同样，如果我们与他人（配偶、孩子、孙子）之间的关系酸性太强，需要加入碱性物质使之恢复平衡，这意味着通过更多的互动来加强彼此之间的感情。

你的孙子不是由他的父母抚养长大，这一点也意味着他可能存在更深层的问题——愤怒、悲痛、忧伤——导致他长期表现得叛逆。在生活中遭遇剧变的年轻人，会很熟悉那种无力感，促使他做出更多的努力，尽可能控制自己周边的状况。我相信，你的孙子——以及你自己——需要接受指导和支持，帮助他适应生活环境的变化，无论他在你和你丈夫的悉心照料下过得多好。

帮助你的孙子卸下内心压抑的重担，甩掉那些挫折和茫然的感受。加强彼此之间的感情，有效改变亲子关系的"pH值"，当你提出要求时，他就不会那么寸步不让。

我并非始终都喜欢我的孩子，这样有问题吗？

问题：虽然说出口感到非常羞愧，但我有个肮脏的小秘密。有时候，我不喜欢我的孩子。我爱他们，但我有时只想独处。在很多事情上我需要照料我的母亲，而且，虽然我很爱我的两个孩子，但我不得不对他们"随时听命"，这一点令人火大。冥想是我大半生的习惯，而现在，我甚至很难找到十分钟独处的时间。在我希望静坐冥想的时候，孩子们经常来敲我卧室的门，让我不要太过沉浸于"灵性"——他们只想和我在一起，而我想要远离他们！

建议：除非我们愿意正视事实，否则不可能做出真正有效的改变。无论我们有何感受——内疚，羞耻，疲惫，敬畏，感恩，快乐——必须承认，人类都有着复杂的内心世界。偶尔有时候，你会对于为人父母这件事并不感到高兴，但如果你不愿正视这一点，只会把自己的怒火埋藏在心底，通过急躁、讽刺或退缩的态度流露出来。

体会自己的感受。你十分向往自己生儿育女之前那种无拘无束的生活，这也很好理解。我也记得，我时常渴望独处，期盼能有片刻冥想的时间，但我只会听到孩子没完没了地敲门："妈妈！我需要你！"我还记得自己带着一本引人入胜的书躲进浴室里，希望能够成为母亲之前那样，体会一下完全沉浸在故事中的感受。只有当我们能够让眼前的一切顺其自然时，才能欣然接受自己的感受。

唉，我们也只不过是普普通通的人类。我们每个人在童年时期也都经历了磨难考验，养成了自己独特的性格气质。有些父母完全沉浸于育儿的快乐和魔力中，从未怀念过生儿育女之前的生活。而另一些父母犹犹豫豫地迈向这个阶段，他们尽力承担起父母的角色，但对于自己是否适合这项工作，始终感到不确定。

我们所有人心里，其实都住着一个小孩子，想要得到爱、体贴和支持。如果我们能够像对待自己的孩子一样，关怀和陪伴自己心中这个孩子，我们自己的伤口也能得到更深入的疗愈。

我的建议是，对自己耐心一点，无论你有何感受，不妨表现出来，让它浮上水面。你会发现，心理治疗师能够帮助你摆脱持续多年、几乎要把你压垮的怨恨。如果家庭生活变得混乱不堪，那就休息一下！最好请朋友或家庭成员来帮忙，让你可以留出一些独处的时间，而不是以错误的方式发泄挫败感，为你自己或孩子带来伤害。有些妈妈从人际关系网中获得支持，每隔几个月就能休息一天，利用整整 24 小时的时间养精蓄锐，想做什么就做什么。仅仅是度过自由自在、完全不必考虑他人需要的一天，就能令人振作精神，恢复活力。

第4章

我们不是在养育孩子，而是在养育成年人

如果我们希望在世界上引领真正的和平，如果我们希望真正与战争抗衡，那么我们应该先从孩子们开始。

——圣雄甘地

我坐在儿子的车上，与他讨论一个误会。几天后，他就要大学毕业了。我注意到，面对人生里程碑式的重要事件，往往会引发我们之间的争论，这很可能是因为我下意识地想要延缓他离巢独立的过程。

我试着想解释，为什么他所说的某些话会触怒我，而他很难理解，为什么这样做有问题。最后我说："你不明白是哪一点触怒了我，因为你从未见过我的成长环境。"他明白了。他的脸色柔和下来，姿势变得放松，然后他只是说："哦。"

在那一刻，我终于明白，**这就是同情的基本要素：要认识到，即使我们不能理解为什么有人会做出那样的反应，她的经历和现状都是切实存在的，就像我们自己的一样。**

阿里身高将近 2 米，看起来颇具压迫性，但只要稍微交流一下，你就会发现，与他相处非常令人安心。我不由得思考他为什么是这个样子，随即发现，他的一些性格纯粹是天生的。我想，孩子们生来就拥有自己的气质，阿里温柔的性格正是与生俱来的。但我也相信，即使不是绝大多数孩子，也有很多孩子同样是生来就是温柔不设防的，我们有机会帮助他们学会，拥有力量但不要强迫他人，充满同情心，彬彬有礼，令人如沐春风，从而更好地走过人生。

我尽了最大的努力帮助儿子理解，虽然他生来就属于富裕阶层，从来不必为衣食住行而担忧，但不是所有人都是这样。我们前往世界各地旅行，让他知道，很多出身贫困的人们，其幸福并不是以金钱财富为基础。我们担任社区志愿者，让他与人们交流互动，一些人会看着他的眼睛告诉他，他为了帮助他们改善生活而做出的一点点努力，对他们来说有着多大意义。我会努力为邻居和朋友们做些事情，因为我们全体人类就像同一个集体的成员，或者同一艘船上的乘客。在行善积德方面，只是嘴上说说或者写一张支票给慈善机构，与真正的身体力行是完全不一样的。

我们逐渐养成关注生活中简单快乐的习惯。品尝薰衣草冰淇淋的味道；听一个很棒的笑话；夜晚躺在草坪上看星星。他开始发现美好的事物，指给我看："你看，光线照亮了山顶，妈妈。真漂亮，不是吗？""当然了，亲爱的。谢谢你没有让我错过这幅景象！"

我努力通过这样一种生活方式帮助他理解，专门留出时间在沉默中深思、冥想、看向窗外，是实现真正自我的基础。

但是，唉，我……我经常希望能成为自己想要成为的那种人！很多时候都会看到我在自己小小的世界里紧张不安，缺乏耐心，感到迷茫。我绝不是父母或人类的典范，虽然不愿承认，但为了让自己不至于过度追求完美，我会说服自己：我已经做得足够好了，每天只需尽力而为，并激励孩子同样尽自己最大的努力。阿里真正长大成人之后，我们很多次一直谈到深夜，我已经认识到自己的不完美——我承认这一点，同时他仍然会看到我战胜困难并因此成长——帮助他更好地培养接纳和宽恕的能力，接受自己的不完美。

下面将提出一些理念，关于我们怎样做才能帮助孩子，在进入成年生活时领先一步成为一个自觉、快乐、活在当下的人——当然，要记住，他们最终必须提升自己的内心力量，克服自己人生中的坎坷磨难。

把孩子想象为成年人

就在我撰写这本书时，有一次，我来到室外写作，商店周围的庭院中四处散落着椅子和长凳。我找到一张舒适的沙发，但正打算坐下来时，却发现上面洒满了面包屑。旁边的桌子上到处都是用过的咖啡杯和餐巾。真是乱七八糟！我忍不住想，那些乱丢垃圾的人，他们的父母是否通过自己的行动为孩子树立起反面教材，比如离开餐厅时留下一片狼藉等着别人收拾？

父母们做出种种努力，希望孩子成长为自觉、性格乐观、有同情心的成年人，并且要诚实，懂得感恩，有责任感——种种美德不胜枚举。但我们不能仅仅通过口头言语来教导孩子。如果孩子看到我们随处乱丢杯子和餐巾纸，或者听到我们辱骂把菜单记错的服务员，那么，即使我们教导孩子应该收拾桌子或者与人为善，也毫无意义。**如果希望把孩子养育成我们喜爱、钦佩的那种人，我们在生活中至少要努力示范出我们希望他们拥有的美德。**

正如我之前提到的，当我为客户进行电话辅导时，通常首先会问出这些问题："如果你希望这次电话辅导效果良好，具体过程应该是怎样的？我们在这次电话辅导中应该产生怎样的想法和策略，处理哪些未解决的冲突？想象一下，在我们共同度过的这段时间结束后，你心里充满轻松和感恩，在我们讨论你的问题时，牢记你希望取得怎样的成果。"我发现，这是一种很有效的方法，能够帮助我们在电话辅导中把注意力集中在最亟待解决的事情上。

本着这种精神，我希望你参加一项练习，帮助你目标明确且有意识地投入到与孩子的日常交流中。想一想，当你的孩子长大成人后，你希望他成为一个怎样的人。想象一下他在二十五岁、四十五岁或六十五岁时的样子。想象他被一群团结友爱的朋友围绕着，满怀热情发展自己的事业，乐于追求创新，能够很好地扮演作为伙伴、配偶或父母的角色，并享受其中的乐趣。

考虑一下，你需要怎样培养孩子的性格，才能让他们实现这种丰富多彩、令人满足的成年生活。你希望把哪些特质灌输给孩子，确保她每天早晨醒来精神振奋地迎接新的一天，具有必要的抗压性，能够乐观地面对生活中令人失望的事情？

如果没有头绪，回忆一下你钦佩的人物。可以是身边的人，也可以是名人，只要他们能充分展现出你最重视的美德。可以是目前在世的人，也可以是已经去世的人，甚至可以是一个虚构角色。

根据这个人身上体现出的美德，列出一个清单。也许他打动你的地方是，尊重体贴地对待自己遇到的每一个人，无论对方的地位或名望如何。也许他坚韧不拔，努力克服各种困难，令你受到鼓舞。也许你欣赏他的活力——他无论做什么，都体现出生活的乐趣，充满了明快的心情。也许，与这个人交流互动会使你对自己、对整个生活感觉更美好。根据这些理念，列出你希望培养出孩子怎样的特质，可以帮助他在长大离巢之后拥有美好的生活。

培养孩子爱心和信心的关键因素

孩子会长成什么样子，仿佛是一个包含了无数个因素的公式——性格、基因、育儿方式、身体、情绪和心理健康，接受教育的机会，兄弟姐妹之间的关系，集体中的人脉网络。换而言之，没有任何公式能够保证孩子会变成一个自觉、自信、有爱心的成年人。很多因素都是我们无法控制的。但我们可以通过以下方式促使孩子成长为满怀自信、人际关系良好、充实满足的成年人。

要记住，我们都知道，即使最有灵性的人，即使他们正在建议追随者怎样更具自我意识，更富同情心，他们也同样会遇到严重的育儿问题。没有什么证书或资历能够确保我们每一天都表现出自己最开明的一面，或者孩子会变得毫无缺点，完美无瑕。育儿是每一天、每一小时、每一分钟都不会间断的工作。

我们每个人的成长经历，都会对自己产生长久的影响，我们往往会发展出不健康的策略，保护自己脆弱的内心。无论我们针对自身做了多少努力，我们每个人还是有盲点。但成长和改变永远都为时不晚。在我看来，没有什么比养育子女更能促进我们成长与进步了。

如果要我们考虑一下，应该把哪些重要特质灌输给孩子，我们可能会说，希望孩子能够拥有自信，礼貌谦逊，足智多谋，心地善良，性格乐观，责任心强等美德。这会是个很长的列表，我们将在后文讨论其中一些特质。但如果问父母们最希望孩子拥有怎样的特质，为成年生活做好准备，大多数人首先会说："我希望他能够快乐。"这一点很有意思。虽然我们应该帮助孩子培养多种品质，但其中有一种明显要比其他所有方面都更加重要：**我们需要培养孩子相信，他们本身就值得被人关爱，值得拥有幸福，这样他们才能吸收生活中遇到的一切美好事物。**

在当今时代，我们在娱乐方面有着极为丰富的选择：电影、音乐、游戏、购物中心，当然还有网络上的 Facebook 和其他网站。"享受乐趣"有着无数可能性，唯一的限制就是你的想象力。

然而，越来越多的青少年死于自杀，死亡人数比死于癌症、心脏病、艾滋病、先天缺陷、中风、肺炎、流感、慢性肺炎全部加起来的人数都多。每一天，美国中学年龄段的孩子，有超过 5400 人试图自杀。中年人的自杀率也急剧上升，根据美国疾病控制中心的数据，1999 年到 2010 年，三十五岁至六十四岁之间的美国人，自杀人数上升了近 30%。

这显然说不通。如果我们能够享受比以往更多的乐趣，为什么没有更多的人感到心情良好？除非一个人的心中每天都能感受到爱和快乐，否则，他仿佛涂上了绝缘涂层，过着与世隔绝的生活，即使在人生道路上遇到美好的礼物，也无法令他感动。这就好像拥有一架直升机，却没有停机坪一样。我们需要帮助孩子感觉到，自己值得拥有关爱和幸福，这样，等他们长大以后，才能真正感受到各种各样的关爱和幸福。帮助孩子习惯于获得关爱，体会生命中的美好，这就是我们为了他们将来的幸福所能做出的最大贡献。

这并不是一项简单的任务，而是一个在我们的内心开辟一处空间，容纳生活中所有美好的事物的、持续终生的过程。约翰·威尔伍德在他的精彩著作《完美的爱，不完美的关系》中，提到了我们每个人藏在内心深处的，对于自己是否讨人喜欢，是否能够被人重视和珍惜，完全缺乏自信的伤口。"坦白地说，我们并不知道自己是否真正被人爱着，讨人喜欢，这会使我们很难无所顾忌地付出和接受爱。正是这个内心深处的伤口，会引发人际冲突，导致各方面的亲密关系陷入混乱。缺少信任，害怕被误解或拒绝，妒忌和报复心理，在内心筑起防御墙，喜欢争辩而且急于证明自己是正确的，容易感到受伤或被人冒犯，因为自己的痛苦指责他人——如果对自己是否被人爱着和是否讨人喜欢缺乏安全感，就会表现出这种态度，上面仅仅是一部分例子。"

因此，我们面临的挑战和机会，就是要培养孩子从心底自然而然地认识到，自己本身就值得被人关爱。

没有哪位父母永远都能与孩子和谐相处。我们不可能每次都知道孩子需要什么，每次都能打起精神给出令人满意的回应。我们也会感到疲惫，不耐烦，我们也会心烦意乱，压力过大，没精打采。也许我们的孩子特别令人头痛，总是提出不合理的要求折磨我们。唉，我们也只是普通人，努力迎接生活带来的挑战，却注定一次又一次无法满足孩子的需要。

说实话，如果我们对孩子有求必应，这对他们来说未必是好事。想象一下，如果孩子期待别人能够满足自己的一切愿望或需要，他们对于未来的人生中的友谊或婚姻，会产生怎样的期望？英国心理分析学家唐纳德·温尼科特认为，关键在于，我们只需成为"足够好的母亲"，如果婴儿和儿童的照料者偶尔拒绝满足他们的需求，帮助孩子培养他们的适应能力，其实会令他们受益匪浅。

孩子们从婴儿时期开始，就会尽最大的努力来理解这个世界，努力寻找安全感。他们会认为自己的照料者十分可靠，值得信任，有能力养育和保护他们。如果父母很少对孩子生理或情感方面的需要满怀关爱地给出适当的反应，小孩子不会在心里想："哦，妈妈很可能是因为漫长的一整天工作之后，压力太大。我知道她爱我，她只是累了，或者因为尚未解决的情感问题才表现得这么冷淡。"

相反，孩子得到的结论是，妈妈之所以没有满足他的需求，要么是因为他不值得妈妈这样做，要么是因为他本身存在问题。从而孩子会形成一种心理模式，渴望父母能"有求必应"，如果未能实现就会感到失望，认为自己的需要不配得到满足。等他逐渐长大成人之后，会变得防备心理很强，难以信任别人，不重视自己内心的想法，从而很难感受到生活中的美好。

这就像孩子把鼻子紧紧贴在糖果店的窗户玻璃上，对里面的美食垂涎欲滴，但内心深处却相信，那些糖果都将被别人吃掉，不可能属于他。他也许会责怪自己的妻子、老板，或者不公平的生活环境无法提供他渴望拥有的东西。事实上，即使他梦想的一切都唾手可得，他很可能仍然不会感到快乐。

孩子应该知道，即使我们并非永远都能满足他们的需求和期待，他们也绝对是讨人喜欢的，他们本身就拥有独特的才华。这会为他们灌输一种意识，自己值得被人关爱，值得幸福快乐，从而帮助他们做好准备，迎接生活中美好的事物，而非避而远之。

我们该怎样做？其实并不复杂。如果我们无法满足孩子的要求，只要表现出对孩子的理解，就能把伤害降到最低。"我知道你一直盼着我能花时间陪你，可我却又生了个小婴儿。""很抱歉，我心情暴躁——今天我辛辛苦苦工作了一整天，真的累坏了——这并不是你的错。""我们一起玩得这么开心，现在要求你必须上床睡觉，确实令人郁闷。"这有助于避免让孩子在感到失望之后，误以为自己本身存在缺陷，不配得到别人的关注。

如果我们能作为足够好的父母陪伴孩子，与孩子相处，他们会知道，自己值得被人关爱，能够从生活中获得无限祝福。这并不是要告诉孩子他们有多么了不起，也不是要我们成为模范父母——就像完美的机器人一样，永远不会发火，永远不会盼着摆脱育儿生活中的混乱和疯狂。相反，要通过我们与孩子相处的整体情况，让他们明白，自己是多么的宝贵。

爱的练习

　　想一想，你希望鼓励孩子拥有哪些特质（尊重、诚实、责任，等等）。

　　这些特质中，哪些是你能够以身作则的？（换而言之，你在人生的道路上，始终坚持哪些品质？）

　　你希望在孩子身上发展的哪些特质，也能体现在你自己身上？换言之，你渴望在自己的生活中融入怎样的特质，即使那不是你天生就拥有的？

爱的应用

我们的孩子和我们应该是平等的吗?

问题: 作为一个注重内心灵性的人,我相信孩子们和我完全平等。我不想告诉他们应该做什么,或者为他们定下规矩,使他们内心受挫,妨碍他们追随自己的心灵。按照你的建议担任权威的角色,怎样融入这种理念?

建议: 去年我过生日的时候,儿子送给我的礼物是一封信,他在信中写到自己的童年,感谢我帮助他成长为一个真正的男人。他在这封信中回忆,有好几次,他因为我拒绝给他某些东西或不让他做某件事而感到生气。现在,从成年人的观点回头再看,他很感激我一直坚持立场,他现在已经明白,那些事情对他没有好处。

我无法形容这封信令我多么感动。我清楚地记得,有很多次,我不得不做出令他不快的决定,拒绝他的要求。如果我犹豫不决,会郑重地请他提出理由,为什么我不该拒绝。有时候,他还真能说服我。

但如果我确定必须拒绝,无论我的儿子多么愤怒或失望,我都必须相信自己的直觉,把眼光放得更长远,即使这意味着微笑从孩子脸上消失,即使我知道,只要我愿意屈服就能再次看到他的笑容。

我也认识到，我的儿子——即使他还很小——从灵魂层面来说，各个方面都与我平等。（事实上，我经常觉得他比我更聪明！）但我也明白，孩子们需要有人在生活中引导并陪伴他们，即使这意味着他们不能做自己想做的事情——比如观看某些会带来噩梦的电影，或者参加没有父母监督的聚会。

为孩子定下规矩，或者令他们失望，这并不容易做到，但也许你会像我一样发现，这样做不会影响我们在精神上是否与孩子们平等，这一点毫无疑问。问题在于，我们有责任、有义务尽自己最大的努力，全面承担起成人的角色。也许需要在孩子发火时，压下我们忧虑不安的感觉。但不应为了避免这些不愉快的感受，放弃更重要的任务——我们要作为体贴关怀的船长操纵船只，引导孩子在风平浪静和狂风骤雨时都能顺利航行。

如果没有时间找个能够支持我的集体，怎么办？

问题：我是个单身母亲，有三个不到八岁的孩子。我的父母远在美国另一边，我正在做一份全职工作。我离婚后搬到一个新的地方，没有时间与邻居交往，更不用说找到一个支持帮助我抚养孩子的集体。我孤立无援。

建议：许多家长都很忙，甚至连洗澡都没工夫，更不用说花费时间结交新的朋友。但我还是鼓励你抓住一切机会认识新朋友。你并不需要改变日常生活习惯，特意去结识陌生人，但你可能需要走出自己的舒适区，开始与人们交谈。早晨送孩子上学时与另一位家长聊天，或者养成习惯在周末带孩子去公园，从而有机会遇到街坊四邻或别的父母。有些父母会请老师介绍他们认识孩子同学的父母，尤其是和孩子关系好的同学。也有些人会参加学校活动，或者当地图书馆为儿童举办的活动。

加入集体需要付出不少努力，但也会带来巨大的回报，对父母和孩子来说都一样。育儿并不是一个孤独或与世隔绝的过程。慢慢来，也许可以设定一个目标，比如每个月认识一位新朋友。随着时间的推移，一位朋友会介绍你认识另一位朋友，不久之后，你就能建立起人际关系网，为你带来支持。

第5章

以身作则，
培养自尊自爱的孩子

应该多行善事，为了做一个幸
福的人。

——列夫·托尔斯泰

当我问父母们，他们最希望在孩子身上培养出什么品质，我最常听到的一个答案就是尊重。我们知道，在日常生活中与人相处时，有礼貌地对待他人是至关重要的。但我们有时会忘记，想要真正尊重他人，我们首先要尊重自己。也许这听起来显而易见，甚至有点老套，但我相信，真正的自我尊重（完全不同于以自我为中心的行为，比如跺着脚说："我要求你们听我的！"）其实并不容易培养。首先，享受独处的时光，体贴地照料自己，并且相信自己的直觉，追求赋予自身生命意义的事物。只有这样，我们才能在沟通、理解、处理分歧、履行协议的过程中，真正尊重他人。

孩子需要现实游戏

美国弗吉尼亚大学的蒂莫西·威尔逊在2014年进行了一系列

实验，受邀参加实验的大学生独自坐在一个房间里沉思冥想，不受任何干扰。实验只要求他们静坐 6 到 15 分钟时间，不要睡着。在其中一次实验中，参与者走进静坐的房间之前受到一次轻微电击。电击之后，几乎所有的参与者都说，这太难受了，他们宁可支付 5 美元，也不想再经历一次。

然而，在另一次实验中，在接受电击之后进入房间之前，67% 的男性和 25% 的女性表示愿意接受另一次电击来代替整个"沉思时间"。比起独自一人静坐 6 到 15 分钟，他们宁愿接受电击。我的天啊！

几年前，我开车送朋友三岁的孩子回家。汽车刚一启动，她就开始播放之前看的视频节目。我很惊讶，但没说什么。在我那个时代（这么说令我显得比实际年龄更老），如果我们坐在车里的时候，我儿子一直看着屏幕，会令人感觉很荒唐。车窗外面有那么多可看的东西，你为什么只看屏幕？但这个小女孩在节目结束后立即开始哭闹。"再放一个！我还想再看一个！"我建议说，她可以看看窗户外面的汽车或行人，一样很有意思。她却完全不能理解。可怜的孩子——她才三岁，就已经习惯于依靠电子产品的刺激，来忍受坐车的过程。

大多数父母承认，如果听之任之，他们的孩子永远不会关掉电子产品。智能手机、电脑、平板电脑以及"平板手机"的出现，导致现在的父母很难确定，孩子究竟应该把多少时间花在这些设备上才能与现代世界接轨，而又不至于过犹不及。（坦白说，父母们同样很纠结自己应该在电子设备上花费多少时间！）

孩子需要现实中的游戏。他们需要真正的触觉体验，比如用黏

糊糊的手指画画，而非手指在触摸板上划过，就能让颜色奇迹般地出现在屏幕上，一种完全不会弄脏手的经历。他们需要挖土玩，搞得整个人脏兮兮。他们需要泼水玩，把全身都弄湿。他们需要唱歌、爬树。他们需要在房间里到处乱跑，不要被规定好的日程表束缚。

斯堪的纳维亚半岛上的森林学校有一项基本原则，孩子们在户外通过实践活动来学习，效果最好。幼儿园年龄的孩子也会在户外待上整整两个半小时。人们告诉我，除非气温降到 20 华氏度以下（约 6.7℃），即使北极圈内森林学校的孩子们，也会头上戴着矿灯在户外玩耍和学习！

如果每次孩子抱怨"没事做"的时候，都把他们丢给电子设备保姆，等他长大以后，就会成为无法独处沉思 15 分钟以上的成年人。丹尼尔·西格尔博士在《正念之脑》中写道：

> 人们过着忙碌的生活，技术主导的文化消耗着我们的注意力，导致人们往往在忙乱的生活中一心多用，人们一直不断地做事，没有喘息的空间，也没有独处思考的空间。生活方式发生这样的变化，导致年轻人习惯于通过强烈的刺激来唤起注意力，匆忙地在各项活动之间切换，很少有时间进行自我反思，或者直接的、面对面的人际交流，而这都是大脑合理发育所必需的。在当今时代，忙碌的生活令我们很少有机会与他人相处。

这并不意味着应该禁止孩子们看电视或用电脑。我不是在提倡抚养出新一代的卢德分子（害怕或厌恶新科技的人）。数字时代为我们的生活带来了无数益处。但电子设备会为孩子带来太多的刺激，还可能令他们接触到不恰当的东西，关键在于，我们应该尽早与孩子们讨论使用电子设备的问题，即使他们进入更独立的青春期，受我们的影响越来越弱，也能自己做出明智的选择。就像我们一样，他们也必须想明白，怎样平衡生活中电子设备那部分与其他部分。继续读下去，关于怎样处理这个充满挑战性的平衡问题，我将给出更多建议。

关掉电源，为孩子提供一些有趣的选择

有一天，一位母亲和她十二岁的儿子，针对他在电子设备上花费的时间，在我办公室里发生了激烈的争论。埃琳娜抱怨说，她儿子从来不肯放下 iPad，除威胁要收走才能强迫他放下一会儿。"他无视自己应该负责的家务，拖延做作业的时间，完全不想去外面玩。"她说，最麻烦的就是她做饭时，克里斯托弗往往会趁她在厨房里忙活而抓着电子设备不放，根本不肯遵守规定。克里斯坚持认为，他妈妈过于严厉。"与我朋友的父母相比，她太苛刻了。他们可以一连几个小时玩 iPad ！"我让他尽情把抱怨说出来，以便多听听他在这方面的意见。"我在家里没什么有意思的事情可以做！我已经做完了家庭作业。我不明白为什么她不让我玩游戏。我没有打扰任何人！"

我没有强迫或说服克里斯接受以前的娱乐方式，而是请他们两

人和我一起来做一项想象练习。"闭上你的眼睛,想象我们三人身处现在的位置,但时间是一万年以前。没有建筑或家具,没有汽车或电力。克里斯,想象你妈妈正在火堆旁边和部落里其他女人一起干活,准备晚餐——也许正在磨碎种子,或者加入一些你之前帮她采集的药草。现在,克里斯托弗,我希望你想象自己处于这样的情景下,你是部落里一个年轻人。你在做什么?观察画面中的自己,想象一下,你在等着吃饭的时候正在做什么。"我让他安静地待了一会儿,然后请他们两人睁开眼睛。

"那么,克里斯,回到没有电子设备的时代,你打算做什么?"他说,他想象自己与其他男孩一起奔跑,制作小东西,还有爬树。埃琳娜插话说,她想象她帮助男人们——并不比他年长很多——为下一次狩猎准备武器,或者建造茅屋。

我们谈论着回到过去的生活,他微笑着。"我希望现在也能过上那样的生活!那很酷!"这令我想到,这一点对于如今的孩子们来说是多么困难,现在很少有机会探索大自然或者到户外游玩。

我对埃琳娜也说了很多,希望她能够从儿子的角度来看待他的处境。"如今的生活已经不同了。除非你正在美妙的大自然中漫步,否则很难抵制打开电子设备的诱惑。"妈妈点了点头,承认他们的日常生活中有很多限制——住在繁忙的都市街道中,走得稍远一点就不安全。"克里斯,你是否愿意列出至少十件有趣的事情,都是不需要用电就可以做的?"他迅速想出了不少主意,快到令他自己都感到惊讶,他妈妈也充满热情地和他一起讨论各种可能性。埃琳娜同意帮助他实施列表中的一些想法,比如找材料雕刻肥皂,或者在他们的后院建一个小城堡。这次咨询结束时,克里斯和他妈妈感觉更像是盟友而非敌人。这次练习并没有彻底消除克里斯托弗对 iPad 和视频游戏的爱，但也确实帮助他在妈妈要求他关掉电子设备时，找到其他一些可做的事情。接下来很可能还有进一步的挑战，因为就像克里斯托弗说的，他大多数朋友受到的限制更少，他希望参与到同龄人的网络文化中。但既然埃琳娜也认识到这一点，投入时间为他提供另外一些有趣的选择，这方面的争论也逐渐消失了。

史蒂夫·乔布斯的孩子和 iPad

很多家长完全让孩子自行决定怎样使用电子设备，理由是，他们认为如果不这样做，就会导致孩子在竞争激烈的世界中落后于人，毕竟如今技术知识十分重要。尼克·比尔顿在《史蒂夫·乔布斯是一位很少依赖科技的父亲》这篇文章的开头写道，平板电脑刚刚上市销售时，他对乔布斯先生提出了一个问题："那么，你的孩子肯定很喜欢 iPad？"乔布斯的回答是："他们还没有用过……我们会限制孩子在家里使用科技产品。"《史蒂夫·乔布斯传》一书作者沃尔特·艾萨克森曾在乔布斯家里待过不少时间，比尔顿与他谈过后写道："每天晚上，史蒂夫一家会特意在厨房里的长桌子上吃晚餐，同时讨论图书、历史等各种各样的内容。没有人会拿出 iPad 或使用电脑。"

曾任《连线》杂志编辑，现为 3D Robotics 公司首席执行官的克里斯·安德森，对于他家里所有的电子设备，都会限制孩子的使用时间，并由父母监控。"孩子们抱怨我和我的妻子是法西斯，对于科技过度担忧，他们说，他们的朋友都不会受到这样的限制。"他的五个孩子年龄从六至十七岁不等。"那是因为，我们已经亲眼看到了科技的危险性。我自己就有过亲身体会。我不希望我的孩子身上也发生这种事情。"第一条规定是什么？"卧室里不能出现显示屏。就这个。永远不能。"

如果我们做出明确的规定，孩子们是可以适应的。也许他们会试探着想去做自己喜欢的事情，但只要关掉电源，他们也能找到其他好玩的事情去做，孩子们自古以来就是这样。

几年前我在西非时，很好奇那里的人怎样使用社交媒体。我问了很多十六至二十四岁的年轻人，他们能否想象，自己正在电脑上使用 Facebook，与此同时，朋友也在同一个房间里，用电脑访问他们的 Facebook 主页。所有人都嘲笑这个想法。"真好笑！如果我的朋友就在旁边，我为什么要在电脑上和她交谈？"但在很多家庭中，这正是孩子们彼此相处的方式——发短信，在线聊天，自拍，或者把眼前屏幕上的帖子和视频发给对方看，他们不再像以前那样纯粹享受彼此相处的时光。

喜剧演员路易斯·C.K.针对人们越来越迷恋电子设备的情况，演过一个很好笑的节目，父母顾不上亲眼欣赏孩子的音乐独奏节目，而是把手机放在眼前，认真录下表演的视频，以便把这段视频放在 Facebook 或 YouTube 上，说实话，其他人根本没兴趣看。

如果我们因为害怕孩子发脾气，或者因为没有负起自己的责任而感到内疚，从而不能为孩子定下规矩，也许就相当于把孩子扔进了数字世界的黑洞。孩子们需要生活在现实的三维世界中，我们的责任就是确保这一点。

关于数字设备的使用，并不存在一成不变的原则。也许有时候，你身体略感不适，孩子只能一集接一集地看《海绵宝宝》。如果你泡澡时间很长，也许可以让他们用你的iPad玩"教育游戏"。如果我们无视自己的直觉，在育儿中受到恐惧或内疚的驱使，才会出现问题。

以身作则，告诉孩子怎样独处

当然，说到怎样抚养孩子才能让他们学会独处，还有另一个必须讨论的问题。"我们必须以身作则，告诉他们怎样独处。"大多数人每天生活的节奏很快，几乎连坐下来吃饭都没时间，更不用说看着窗外发呆或者做白日梦。我们对于电子设备上各种社交软件的提示音会条件反射地做出反应，只要响起某种铃声，我们往往就会放下手头正在做的任何事情（也包括把注意力完全放在孩子身上的几分钟时间）。

如果连我们自己都做不到把眼睛从显示器上移开，怎样才能让孩子更多地接触三维现实世界，或者看看天上的云？

玛莎·贝克在她的著作《快乐饮食》中谈到："我们每天至少要有十五分钟时间停止外部活动。如果一直都在做事，却从来没有思考过我们内心的想法，这就相当于给一艘巨大的轮船加满燃料，但所有的导航设备都指向地狱。"她继续说，"你真正的自我，事实上只会发出非常小的声音，只要稍微有点分心就会把它淹没，尤其是当你刚刚开始听到这个声音时。你怎么都无法学会，怎样坚决留出大块时间什么都不做，仅仅是来倾听这个声音。"（关于"什么都不做"的练习，请参见第 11 章。）

享受与自己相处的时间，远离外部刺激，对于我们的幸福来说至关重要。**如果我们不能帮助孩子学会怎样独处，他们将永远感到孤独。**只有当我们对于自身状态真正感到从容自信时，才能吸引并维持健康的人际关系。

很多人即使明知和结婚对象谈不上心心相印，仍然会与对方结为伴侣，只是因为他们无法适应独处。但仅仅是另一个人在身边，并不能缓解寂寞。我有很多已婚的客户，即使每天晚上都与妻子或丈夫同榻而眠，还是经常对自己的孤独感表现出强烈的绝望。而且通过追求别人来填补内心的空虚并不能解决问题，只会带来另一些麻烦。

如果你希望孩子无需通过某些人或事就能感到快乐，关掉家里的电子设备，时不时尝试一下"什么都不做"。重新认识自己和他人，再次体会数字时代来临之前，人们怎样通过简单的方式享受生活，感到满足，看看这样做有何效果。

欣赏我们的身体，即使不完美

我经常和我的身体交谈。有时候会大声说出口。

我一般不会和人们谈到这一点（现在却把这些内容写进一本书里，希望很多人能够读到，多少显得有些有趣）。事实上，我花了很多时间，与自己的身体，以及很多奇迹般的身体部位，进行温柔的对话，我认为，这是个值得分享的理念。

"谢谢你，我的胃，把这顿饭消化得很好。""谢谢，眼睛——你做得真棒，让我今天能看到这些鲜花的色彩！""谢谢你，心脏，稳定可靠地跳动，带动血液循环。你真是太棒了！""谢谢你们，两条腿，带我走来走去……谢谢你，耳朵，谢谢你，肝脏……骨骼……膝盖……牙齿……"与身体之间这种爱的交流，会持续相当长一段时间。结束后，我几乎总是会发现自己内心变得十分柔软，满怀感动。

几乎所有人都把身体所做的一切视为理所当然，直到它出了问题，然后，我们往往会苛刻地对待它，抱怨它无法满足我们的要求。我们会厌恶自己身体上的某些部位，希望自己嘴唇丰满，鼻形优雅。如果考虑到这个人类躯壳总是被我们无情地批评，却还愿意为我们工作，这真是个奇迹。如果我们对待雇员，也像对待自己的身体那样经常表现出蔑视，他们肯定会辞职的。然而我们的身体仍然尽了最大的努力履行自己的职责。

很多年前，我参加了一个研讨会，当时我们每个人都领到一个纸袋，眼睛的位置挖了两个洞。会上要求我们把这个纸袋带到酒店房间里，脱掉全身衣服，把它套在头上站在镜子前面。我们要通过这两个洞观察身体上每一寸地方，同时注意自己脑海中的评论。这听起来非常古怪。

但这次经历改变了我的一生。最初，我把注意力集中在所有不喜欢的地方——某些身体部位太大或太小，太软或皱纹太多。但随着我放松地融入这项练习，我进入了一个几乎可以称之为神圣的境界。我不仅注意到，自己对于身体的每个部分给予多么苛刻的评价，也进一步认识到，能够拥有这个身体是最棒的礼物，它是多么完美，它本身的样子就已经很完美。

我看着自己隆起的腹部，那是神圣的母性留下的证据。我回忆起微微发抖的膝盖，克服了疼痛带我登上山顶。我记得手臂怎样拥抱我所爱的人。想到我的双脚，我心里充满了感恩……还有悔恨。这双脚啊！它们不知疲倦地带我走过数十年的生活，几乎从未得到过一句感谢的话。对于上天赐予我的这具身体，我心里浮现出一阵阵感激，这是一份非凡的礼物，而我却没完没了地批评它为什么不能是另外一种样子，为什么不能表现得更好。

研讨会后我们练习给自己的身体写信，然后所有人集合，倾听我们每个人对于这个容纳身心的奇妙容器表达忏悔、感恩和羞愧的感觉。房间里安静得连一根针落地的声音都能听见。伴随着痛苦的抽泣声，一个坐轮椅的人讲述了几年来他对自己的身体说过各种可怕的话，他感到非常愤怒，因为他认为身体未能满足他的要求。一个肥胖的女人谈到她对待身体的各种不健康的习惯，令爱情和爱人都远离了她。房间里窃窃私语的声音中充满了感恩。这只是一次周末研讨班，但它唤醒了我内心某种东西，并且一直保持了下去。

感谢身体各部分为你服务，使你能够唱歌、跳舞、饮食、观看、嗅闻、抚摸和攀登。**如果孩子看到你承认身体的美好之处，而非抱怨不喜欢的地方，他们也会更加尊重、关心、感恩地对待自己的身体——包括各种不完美的瑕疵。**

从集体中获得帮助

时不时会有一位疲惫的母亲，像被猫蹂躏过一样一屁股坐在我办公室的沙发上，看起来一团糟。我很快就会得知，她一直忙得要命。运气好的时候每晚能睡上五个小时，而且经常会有孩子爬到她床上滚来滚去，打断她的睡眠。对她来说，安安静静睡上一觉纯属做梦。为了勤俭持家，她都是挤在厨房里吃孩子们剩下的饭菜，从未坐下来吃过一顿像样的饭。当我问到她上次读书是什么时候，她只是笑了笑。她甚至已经不记得，除了她的丈夫之外，与任何人进行有意义的成年人之间的谈话，是一种什么感觉，而她和丈夫讨论的话题……只有孩子们。

面对这类客户，我总是在几分钟之后送她离开我的办公室，要求她在至少一周时间内遵循几条指示，之后自由决定是否回来继续接受咨询。"我希望你感觉渴了就立即喝水，如果饿了就在几分钟之内吃些有营养的东西（坐下来吃），感觉尿急就立即去厕所（很多人习惯于忍到实在忍不住为止），如果感觉累了，支起双脚，闭上眼睛，休息一下，哪怕只有三分钟时间。"

我的客户往往会认为我是在开玩笑，有点紧张地笑起来。但她很快就会发现，我是认真的。我告诉她："除非你开始好好照顾自己，否则，我们针对你的孩子或家庭所做的任何工作，都毫无意义。"

请注意，就像我之前描述的极端情况一样，很多父母在一定程度上都不太擅长照顾自己，我也没有太频繁地送走客人。不过，如果父母前来向我请教——通常是女性——而我发现他们在身心两方面根本不知道照顾好自己，我会先送他们回家。（事实上，有时我会告诉他们，不妨在车上休息一下，因为，至少他们在我这里接受咨询时，肯定有人照顾他们的孩子！）我希望他们能明白，除非改变自己的想法和行为方式，先满足自身最基本的需要，否则他们和孩子在一起时，不可能承担起船长的任务。

照料一两个孩子，往往已经令父母疲惫不堪，精疲力竭。我们不需要单凭一己之力抚养孩子，而是可以作为集体中的一员来完成这项任务。本米·拉迪坦在她优美的文章《我想念村庄》中写道：

> 如果有人感觉不舒服，或者在彻夜不眠照料孩子后需要休息，必要时我们将立即前去帮忙，照料你的孩子们，视为己出——甚至不需要你开口请求。你可以绝对放心地进入梦乡，在睡眠中恢复精力。我们希望你保持健康，因为我们知道，我们这个集体有多么强大，是由最虚弱的成员决定的——不仅如此，我们爱你，不是贺卡上那种多愁善感的爱，而是一种充满欣赏的爱，完全了解怎样将你的颜色添加到集体的画板上……我想念故乡的村庄。代替那个村庄的，是彼此一箭之遥却仿佛相距千里的邻居。代替那个村庄的，是紧紧锁上的大门，屏幕闪烁的电子设备和在地板上孤独玩耍的一下午。

父母们——建立起属于自己的集体。这对于提升自己的身心健康和培养自信自觉有爱心的年轻人都十分重要。**一对父母或一位单身父亲或母亲，几乎不可能独自抚养一个孩子。我们需要他人的支**

持，需要属于自己的时间。而如果孩子比较调皮捣蛋，对于我们来说，如果能得到额外的指导和支持，甚至只是休息一下，都极为关键。我认识的一位患有癌症的女士说："如果你能帮助我的孩子，就等于帮助我。"请务必扩展你的人际关系网络。

除了为作为父母的我们带来支持与友谊之外，集体的另一点作用也很重要，就是帮助孩子与其他值得信任的成年人发展健康的人际关系。我们在坦桑尼亚参观了一个部落，小孩子们如果希望得到安慰或拥抱，只需抱住最近一位"妈妈"的腿。一群女人中传出阵阵轻松悠闲的笑声。孩子们四处玩耍，大孩子和小孩子都在一起。在新西兰，我来到一所很小的乡村学校，孩子们赤着脚快活地踢足球——五岁和十三岁的孩子都高高兴兴地玩在一起。"他们必须学会彼此相处，"校长告诉我，"每个人都要和大家相处。"

如果孩子们感觉自己是群体的一部分，在成长过程中会更加沉稳，更加胸有成竹。我建议你寻找一些和自己年龄相近、三观一致、志趣相投的父母。通过各种方式，作为朋友和抚养孩子的伙伴多多相处，为彼此带来支持、喘息的机会和养精蓄锐的时间。

让孩子学会照顾自己

在我们讨论自我照料之前，我们首先要思考，我们私下是怎样在心里与自己对话的，然后才能谈得上好好照料自己。作为心理咨询师，我有机会了解人们与自己之间的真实对话，让我告诉你，往往不是什么好话。"你什么都做不好！""你可真胖！""怎么会有人爱你？"我经常会问我的客户，如果一位朋友对他们说话的口吻，就像他们有时候对自己说话那样，他们会有何反应？"如果你对自己所说的那些话，出于别人口中，你还会和那个人交往吗？"往往立即就能得到回答："如果另一个人这样对我说话，我完全不想和他们扯上任何关系！"然而，我们恰恰就是这样残酷无礼地对待我们自己。

我经常指导网络课程，每每会在第一节课上为之后的工作定下基调。我会在电话里提醒家长们，学习新的做法时，如果未能贯彻新的理念，或者又忍不住开始吼叫或威胁孩子，他们很可能会忍不住想要自我批评。我告诉我的学生："如果我们所说或所做的事情，与我们憧憬的父母背道而驰，感到不安也很正常。如果你把手放在滚烫的火炉上，必然会受伤。也就是一瞬间的'哦！我不喜欢那样做'，麻烦在于，随后我们会感到自责，也许会复述自己记忆中父母或老师责骂的声音。其实这样做害处很大，因为当我们感到惭愧时，会出现抵触情绪，甚至更火大地对孩子们发脾气，从而进入恶性循环。"

我为格伦农·梅尔顿的 Momastery 组织开办了三段式的网络课程，在课程期间，我收到了这封电子邮件。

观看了网络研讨会第二部分之后的那一天，我和我的丈夫收到了市里寄来的一封信，上面说我们前院里的杂草已经长得太高了，需要修剪。我们几年前买下这座房子时，前院就是这个样子，我们也希望能整理一下，但搬进来时，我正怀孕七个月，还有个两岁大的孩子。然而，这件事一直困扰着我。我们生活的街区，周围邻居的前院都十分完美，在我的一生中，我父亲一直强调要保持体面，尤其是自己家里。他的声音一直在我脑海中回荡，告诉我说，我的前院看起来多么可怕，我甚至有时候会出现幻听。

所以，打开那封信之后，我一下子彻底陷入了恐慌。我坐在厨房的地板上，把头埋入膝间，泪水在眼眶中打转，心里受到很大打击。这时，我回忆起这次网络研讨会上学到的一切，决定应用于我自己身上。

首先，我大声说出自己内心的想法："邻居们一定很讨厌我"；"我知道他们躲着我们——他们肯定一直在抱怨"；"他们一定认为我很懒……好吧，我确实很懒——看看我的前院"；"如果爸爸看到了，他会说，'我告诉过你的'。"

听完我对自己说的这些话，我决定大声说出事实："我是个非常忙碌的妈妈，有两个年幼的孩子。""我和我丈夫都有全职工作要忙。""现在，我要关注孩子们，照料他们的时间就已经不够了。"然后，我安慰鼓励自己，泪流满面。

我写下这一切，是为了感谢你！真是不敢相信，我终于知道自己脑海中那些声音有着怎样的力量。我正在毁灭我自己和一位母亲。在我的记忆中，我一直缺乏对自己的爱，也缺乏自信，因为我脑海中责备的声音如此清晰，也如此消极。现在，我找到了改变这一切的工具，我真的感到非常兴奋！

昨晚，我躺在四岁女儿的床上，告诉她所有我爱她的原因（与成就无关），她给了我很多吻。我意识到，就寝之前这段时间可以发生多大的变化。谢谢你教会我接受自己的生活，"令人烦恼而又美丽的生活"。

我读了这位女士的电子邮件，静静地坐了很久，满心感动，受到了很大鼓舞。她的故事就是我的故事，也是你的故事，是走在痊愈的道路上每个人的故事。人类灵魂之美，令我心怀敬畏。

我想，无论是作为一位母亲，还是作为一个始终努力成长的人，我所做出的最大的改变之一，就是平静地接受自己的不完美。我们要接受、欣赏和钟爱自己的一切，自己本身的样子——身体、心灵和精神——否则我们不可能要求别人善待我们。如果我们希望孩子能够自信、自爱地长大成人，我们就必须以身作则。

本书在前面讨论了，我们可以通过几种方法，帮助孩子认识到自己值得爱和尊重。最后的忠告是鼓励他们明智地选择朋友，远离那些对他们缺乏尊重、不够友好的人。

在人际关系中维持健康的界限

今天早晨，我打开水龙头，让热水流入洗脸盆。我感觉时间已经够长，水应该变热了，于是试了试温度。只有一点温热。我继续放水，又试了试。还是不够热。再放一会儿。问题出在哪里？最后我终于发现，我不小心同时打开了两个水龙头——冷水与热水一起。如果一直混入冷水，水永远不可能变热。

这令我想到自己的人际关系，学会接受人们在我的生活中处于怎样的位置，据此调整期待值，这真的很难。就像混入冷水的水永远不会变热一样，有些人永远无法按照我们期待的方式行事，而他们这样做的原因，我们也许永远无法理解。总有别的东西混合进去，冷水不断流进来。

接受两人无法在一起生活的现实很难，但对方的确总是无法对我们做出善意的回应。也许她总是撒谎。也许他口出恶言。在某些情况下，我们满怀爱意，对方却给我们带来严重的伤害，有时是存心而为，有时是因为他自己的心理创伤。

很多时候，我看着孩子们追在态度糟糕的朋友后面，因为对方偶尔表现出的善意而欣喜若狂。蕾切尔·西蒙斯在她的著作《怪女孩出列》中提到，少女时代各种残酷的事情，对女性产生的影响将持续终生，一直到她们四十多岁。在我自己的生活中，我曾经爱过一些人，最终却不得不接受他们在我的生活中只是过客的事实，这为我带来了深深的痛苦。

但如果我们希望帮助孩子在成年后仍然维持良好的人际关系，感受其中的爱和体贴，关键在于，我们要教会他们，爱一个人不应带来伤害，即使远离那些令人心情不好的人，他们也仍然能继续生活下去。

我们也需要帮助孩子认识到，他们不可能拯救所有人。虽然我相信，我们有责任在力所能及的时候，帮助遭受苦难的人们减轻痛苦。但孩子如果盲目试图救助陷入困境的朋友，往往会面对灾难性的后果。即使救助他人也许会带来强烈的满足感，但我们的孩子不是救世主，不应该期待他们照料朋友、父母或兄弟姐妹。如果我们灌输给孩子一种他们有责任拯救周围的人的信念——无论那个人对他们来说有多大意义——就等于把他们送上了一条致力于取悦别人的痛苦道路，需要很多年的时间才能恢复。有一句老话很好地说明了这种理念："如果你看见有人溺水，伸出手把他从水里拉上来。如果他抓住你的手臂想把你拉下去，你只能使劲推开他。"

帮助孩子体现出他们的自尊和价值，培养出健康的人际关系。如果朋友会伤害他们的感情，和他们探讨一下，这段关系整体看来是否利大于弊。如果他们开始认识到，自己值得拥有更美好的人际关系，与他们一起哀悼这段逝去的友谊——结束一段对我们来说仍有一定价值的人际关系，毕竟是巨大的损失——然后他们就可以真正走出来，继续前行。

让孩子学会说不

安全专家加文·德·贝克尔，在他的著作《保护好天赐的礼物》中以大量事例说明，很多犯罪受害者其实已经感觉到自己处于危险中，却忽视自己的直觉。贝克尔认为，我们有必要听从来自直觉的讯息，比如犹豫、怀疑、挥之不去的想法、坐立不安的感觉。他解释说，来自直觉的最极端的讯息，也是最难以忽视的——恐惧。"但人们甚至连这种讯息也会努力压抑：'冷静，冷静，很可能什么事都没有。'有些人会这样自言自语，而非听从人类天性传来的救命信号。"他继续说，"事实上，直觉的英文单词 intuition，来源于词根 tueri，意思是防卫和保护。"

如果我们希望培养自信的孩子，要鼓励他们倾听自己内心的智慧，相信直觉的预感。我们的身体是一台精心调试的仪器，可以帮助我们找到不安的原因，提醒我们情况不太对劲，或者警告我们注意潜在的危险。手心出汗，胃里翻腾，脖子后面紧绷僵硬，或者心跳加快，都可能意味着什么地方出了问题。无论某个人外表如何，也许他散发出的力量或感觉令我们心里不安，即使一切看起来都"毫无问题"，仍然有什么东西散发出不安全的氛围。当然，事实也可能正好相反：也许某个人看起来外表邋遢，或者情况与我们想象中不同，其实一切都很好。直觉会帮助我们分辨，周围的环境是正常还是危险。

告诉你的孩子，我们的潜意识会收集和筛选大量信息，帮助我们做出决定。虽然我们不应该忽略事实和数字，但如果能学会阅读直觉传达的讯息，相信自己的直觉，一定会受益匪浅。

如果你的女儿与朋友们相处时发生了令人不快的事情，你可以建议她："安静待一会儿，亲爱的，看看你能否找到自己的直觉。与伊丽莎白和托妮之间的问题，你感觉最佳处理方式是什么？感觉这是否属于一种健康的人际关系？和她们相处时你是否感到心情愉悦？"在这个过程中，你可以提出自己的见解来帮助她，让她平静下来，悉心体会自己的身体对于每种见解有何反应。

身体会告诉我们，我们是应该信任对方，敞开内心，还是谨慎提防。**如果孩子设下的界限能够得到尊重，他们与同龄人相处时也更容易设定恰当的界限。教会他们，有时候只需回答"不"就足够了。**孩子们在过家家之类的角色扮演游戏中，将学会在感到犹豫时尊重自己本能的反应，比如有人会在他们还没准备好的时候，劝他们喝啤酒或者尝试性行为。

"影响力培训"是个很棒的项目，帮助少女和成年女性摆脱社会强加于她们身上的一切限制，使她们变得更友好，更乐于助人，鼓励她们坚决勇敢地宣布"不"。他们也有针对不同性别学生的项目。我强烈推荐这些项目。

我指导孩子们体会自身情绪传达的微妙信息，其中一种方法是要求他们用颜色来描述自己的感受。"如果红色代表愤怒，黑色代表悲伤，橙色代表快乐，等等，你的感觉是什么颜色？"埃利纳·斯内尔在她的著作《像青蛙一样静坐》中，让孩子们体会自己的情绪状态，给出个人情绪气象报告。"你身体里现在天气怎么样？是晴天还是雨天？"（进一步了解这种方法，请参见第 11 章。）

孩子应该明白，自己心里产生各种各样不同的感受，包括愤怒，都是很正常的事情。在手边准备一些轻质塑料棒或沙袋，让你的孩子知道，他们内心充满愤怒时，可以通过安全、可接受的方式，把这些情绪表达出来。让孩子承认自己内心的情绪，而非视而不见，这是好事。我们很多人都曾选择无视，因为我们的父母告诉我们，不要害怕，不要受伤，不要抓狂。

我们每个人的心中天生就有一个整个人生都可以善加利用的工具箱。帮助孩子学会信任内心的直觉，也将帮助他们远离麻烦，把握良机。

培养对生活的热情

我十六岁时，放学后在一家日托中心打工。有一天，四岁的鲁比来到这里。她的家人最近刚从印度搬到美国堪萨斯城，她一句英语也不会说。

我想，跟她的父母学几句印地语也许会有用，可以问问小鲁比饿不饿，要不要去洗手间。于是我开始上印地语课，内心深处欢呼雀跃。我热爱这种语言。我求知若渴，希望上课的时间永远不要结束。作为 70 年代生活在美国堪萨斯城的十六岁孩子，想要学习这种"异国"语言，我没有多少选择，只能麻烦鲁比的父母抽出时间来教我。我如此渴望学习，甚至开始给美国各地的大学打电话，发现宾夕法尼亚大学有印地语专业。我订购了他们的教科书，迫不及待地等着课本到手。

如果我们希望孩子找到自己的热情和目标所在，我们必须对于他们选择的路线保持开明的态度，而非强迫孩子朝着我们喜欢而他们不感兴趣的方向前进。我对于学习印地语有一种近乎痴迷的热情，要形容的话，这些词语在我口中仿佛唇齿留香。我只要开始学习，内心就会感到极为快乐，那种学习的欲望强烈到几乎无法抑制。

一个堪萨斯城十几岁的女孩，狂热地想要学会地球另一边的语言——这看似毫无意义。但学习印地语为我打开了一扇门，直到今天，仍然持续为我的生活带来一些非同寻常的东西。正因为之前的学习，在我前往印度旅行时，能说一点当地的语言（虽然不流利）为我带来了极为美妙的经历。

要知道，你的孩子会目睹你怎样利用自己的时间。如果你会挤出时间追求自己热爱的事物——阅读、绘画、观星、园艺——你的孩子就会感觉到，学习是生命中一个重要组成部分。如果你不确定什么能为你带来快乐，试试一些吸引你的注意力的小事：Twitter

上的一条消息推送，一次电台采访，杂志封面上一行标题。这些小小的线索会引领你前往内心向往的地方。

培养好奇心

每个孩子内心都有着与生俱来的学习热情。有些孩子通过对舞蹈的激情来表现心灵。有些孩子只对烹调美食感兴趣。还有些人喜欢讲故事，与动物相处，或者构思小发明。如果我们希望孩子找到自己的热情和目标所在，我们就必须对于他们选择的路线保持开明的态度，而非强迫孩子朝着他们不感兴趣的方向前进。

这样做需要花费大量的课余时间，面对各种各样的人，经历各种各样的事情。我们强行给孩子安排了无数活动，再加上一大堆家庭作业，数字时代的电子设备也不断吸引他们的注意力，孩子往往根本没有安静独处的时间，让他们能够倾听内心的声音，引领他们走上自己的探索之路。如果在高中时没有那么多的空闲时间，我也就不可能听从自己内心的愿望去学习印地语。如果孩子每天从早到晚的生活都安排得满满当当——无论是平时、周末，还是寒暑假——他们就没有时间自由思考，做白日梦，探索自己活着的意义。

抚养孩子长大，让他成为自己想要成为的那种人，同样也需要努力培养他对生活的热爱。贾内尔·伯利·霍夫曼送给她十三岁的儿子一个iPhone，同时定下了使用手机的规矩。我喜欢其中这条要求："不要总是用手机搜索，用自己的大脑思考。"在当今世界，孩子们很少会对事物感到困惑不解，只需用手边的电子设备搜索几秒，就能找到任何问题的答案。然而，我们可以帮助孩子发展的最有用的技能之一，就是解决问题的能力。这需要投身于好奇与答案之间的未知空间。

让你的孩子有机会走出传统的教室，找到自己感兴趣的东西。这些爱好也许当时看来没什么意义，甚至不会持续很长时间，但听从自己内心的渴望，是一件多么快乐的事情，也很是不可思议。只要我们着手去做，就会出现各种各样的魔法。

让你的生活充满意义，注入学习的热情，也让你的孩子在现实生活中追求同样的目标，帮助他们远离倦怠、冷漠和不安，让他们尽情追求能够触动灵魂的事物，从而内心充满快乐。

爱的练习

安静地坐下来，思考以下问题，在下面的空白处写下你的想法。

1. 你小时候喜欢做什么？你喜欢在户外玩耍吗？绘画？演奏音乐？写诗？制作小东西？和朋友们一起玩？解谜游戏？阅读？

2. 你现在喜欢做什么？或者说，如果你有时间自由追求兴趣爱好，你会去做什么——纯粹为了乐趣？

3. 过去三个月，你在自己充满热情的活动中投入了多少时间？如果回答是"根本没有"，那么，你上一次纯粹为了乐趣做事，是什么时候？

4. 是什么妨碍你追求自己的兴趣、爱好，或者热情？我们所有人都会说"没有时间"，但更深入地思考一下这个问题。这个答案完全正确吗？还是说，有很多时候，你原本可以温习一下钢琴曲或者翻开一本小说，而不是打开电脑或看电视？

5. 如果你努力追求一项兴趣爱好，你的孩子会怎样从中获益？

6. 写下你打算投入多少时间来追求一项爱好，滋养心灵。确定这项活动最适合安排到星期几，让谁来帮你照看孩子，以及其他各项细节，确保这个梦想能够成为现实。

爱的应用

我在工作中必须使用电子设备，那怎样才能做出榜样"拔下插头"？

问题： 我知道，限制孩子看屏幕的时间十分重要，但是我有个苛刻的老板，一天到晚都在给我发电子邮件，而且希望我立即回复。幸运的是，我可以在家办公，而且我不想失去这份工作。但如果我和孩子正在享受亲子时光，他们却总是看到我打开电脑或者回复短信。我如此频繁地使用电子设备，怎样才能让孩子相信，拔下插头十分重要？

建议： 技术进步使很多父母可以在家工作，每天都能陪伴孩子，这在以前是不可想象的。但这也意味着，在你的孩子看来，虽然你表面上每时每刻都陪伴着他们，为他们准备早餐，依偎在一起讲故事，但这一切随时会被你的雇主打断，有可能令他们感觉自己不如铃声后面的人重要。正如你提到的，如果你鼓励孩子拔下插头，自己却到哪儿都拿着手机不放，感觉有点虚伪。

就你的处境而言，更多的是要给孩子一个发泄的出口，因为你使用电子设备意味着他们不得不与你的老板一起分享你的时间。我在网络课程和前一本著作《育儿无须对抗》中，提出了所谓的"育儿第一准则"，通过这种做法让孩子知道我们愿意倾听他们的话语，然后再给出解释或建议。

我会这样说："妈妈在晚餐时接听电话，我不知道你们看到这种事会怎么想。是不是觉得有点生气？"只需打开这个话题，你的孩子对于不得不与别人分享你，肯定会产生一些情绪。一旦他们开始发泄，你可以这样说："我明白了。我在晚餐时接电话，这看上去很不公平，尤其是，我严格要求你们在全家共度的时间中，关掉所有的电子设备。我知道，这样做不合适。"他们很可能会希望你继续解释一下，这是你的工作需要，但如果你已经告诉过他们关于你的职业和工作需要，也许没这个必要。关键是要让他们知道，可以放心向你吐露自己真实的想法。

你目前的处境，并没有简单的改变办法，除非找一份新工作。同时，如果你承认自己的工作有时会令人有挫败感，而非在孩子抱怨时强迫他们感到内疚——"你不想妈妈失去工作，对吗？"——这样就能减轻你被电子设备绑牢的影响。只需确保在你不工作的时候，与你的孩子一起享受闲暇时间，远离电子设备！

我可以把前夫排除在我的生活之外吗？

问题：我认为，把那些伤害我们的人排除在我们的生活之外，是很重要的，但如果是我的前夫呢？他这个人粗鲁，反复无常，不懂得体谅人。我希望把他排除在我的生活之外，但鉴于我们的监护权协议，我别无选择，几乎每天都要和他打交道。

建议：正如我之前提到的，我们有时发现，孩子的行为会触怒我们，我们要么按照以前的模式做出反应，要么面对挑战，克服未解的心结，最终帮助我们进一步成长，完善自我。有些人似乎生来就是为了触怒我们，但往往就像你的情况一样，我们无法简单地把他们排除在外。

离婚后共同抚养子女，是为人父母不得不做的最艰难的事情之一。一方面，你已经与曾经的爱人分手，那个人深深地令你受伤或失望，你再也无法忍受与之共同生活。你感到愤怒、怨恨、困惑、悲痛万分。当然，把这个人从你的日常生活中完全抹掉，才能缓解痛苦。从这时起，我们开始宣称："为了我的儿子，我不惜献出生命。"或"我会竭尽全力保证小女儿的安全"。

每次面对你的前夫，其实你可以做出选择。你打算把注意力集中在他令人不快的性格上，以至于在讨论孩子最近的情况时，胃部阵阵疼挛？还是愿意用放大镜来看他的优点？我明白，把注意力放在他的缺点上，可以令你更容易接受离婚这一现实。但你的孩子刚刚失去了一些重要的东西，即使对你们来说这是最好的处理方式。尽可能让他们远离爸爸妈妈之间剑拔弩张的关系和激烈的冲突。

如有必要，减少你们之间的接触，但要放眼长远。不要认为对方的行为是针对你的。如果可以的话，抱着同情的心态，从更深的层次看待这些事情——深入到他的人格缺陷下面，或者你曾经受到的伤害下面——他也不过是个普通人，正跌跌撞撞走在人生的道路上。想一想，你曾经希望你们一起过上怎样的生活，或者希望他能够成为怎样的人，哀悼昔日的想法，你会更能接受你的前夫和他那些讨厌的缺点，以及一切。

我的朋友和同事凯瑟琳·伍德沃德·托马斯，"清醒分手"项目的创办者，她提醒我们："我们可以结束一次婚姻，但永远不可能结束一个家庭而不至于让家里的人感到无家可归。"她告诫我们，把孩子的需要放在第一位，他非常需要我们允许并支持他爱和信任父母中的另一方，无论这个人有多少缺点。孩子的脆弱与你自己的失望，理顺这中间的复杂关系，和你的前任配偶一起保护孩子曾经拥有的那个充满感情的家（尽管你自己从中受到伤害），想要成为伟大的父母，这就是关键所在。

第6章

沟通促进良好的亲子关系

孩子们从来不会好好听从长辈
的教导，但他们永远都在模仿长辈。

——詹姆斯·A.鲍德温

几年前，我到坦桑尼亚旅行。我们开车花了一两天时间寻找犀牛，但没有成功。导游把吉普车开进一个休息区，让我们在这里小憩，吃午饭。我兴奋不已，想问问其他游客，他们是否有幸见到那种行踪难以捉摸的动物，我对后面一辆吉普车的司机说："你有没有看到犀牛？"他咕哝了一些什么，显然对我的问题感到很不高兴，然后就走开了。我问我们的导游，那个人说了什么，我从未忘记他的回答。"他说你没有先向他问好。"

我受到了很大震动。他说得一点没错，我如此粗鲁地跑到这个男人面前，甚至没有问候一句"你好吗"。我得到了宝贵的教训，也十分感激这个男人有人格，有自尊，不肯纵容我无意间的失礼。是我忘记了礼貌。

为了让孩子成长为自信、成功的成年人，以身作则培养孩子讲礼貌的习惯，是一项关键因素。我所说的并不是各种复杂的正式礼仪，而是令别人心情舒畅的行为。有些人认为，教育孩子讲礼貌已经过时了，或者只和贵族有关——与我们大多数人没什么关系。但我认为，具有令人感到如沐春风的能力，与名牌大学的文凭同样重要。我们也许并不知道一位同事是否毕业于耶鲁或牛津，但很快就知道，与她相处是否令人轻松惬意。

以身作则讲礼貌

"我先来！""我想要更多！""那些是我的！"对于尚未发展出同理心或社交能力的孩子来说，这些都属于正常的表达方式。孩子们天生就是以自我为中心的，如果只剩下最后一块馅饼，他们会直接抓过来。如果你的女儿正在秋千上玩得很开心，肯定不愿意让给旁边排队等着的孩子。这并不意味着她是自私的，只不过说明她的行为举止还像个孩子。父母的批评指导可以帮助孩子学会关注他人的愿望和需求。

在日复一日的育儿过程中以身作则，是教会孩子讲礼貌的最好方法。例如，吃饭时要等到每个人都坐下来上了菜之后，再开始吃。如果孩子忘记了这一点，提醒他们，你明白他们很饿，同时以身作则，一起耐心等到大家都入席之后，再拿起刀叉。

孩子和朋友一起玩的时候，帮助孩子学会分享，大家轮流玩。告诉孩子，你能理解一直等着轮到她玩钢琴很难熬，把比较大的那块蛋糕留给别人也很舍不得，但这是在你家里，要谦让客人。

教会孩子怎样介绍人们互相认识。"诺里斯女士，希望你能认识一下我的表兄乔伊。"或者"爷爷，这是我的朋友埃尔莎"。欢迎别人到家里做客时，友好地打招呼。告诉孩子，与来访的客人握手或拥抱时，要看着对方的眼睛——前提是你的孩子能够适应，不会感到不自在。

有礼貌，也意味着要考虑他人的感受。**如果孩子看到你对待别人的态度粗疏大意或缺乏体谅，他们也会学着你的样子做。**如果你冒犯了别人，让孩子听到你道歉，而不是你对自己的行为辩解。最后，确保孩子知道怎样对待赞美。面对别人的称赞，只需彬彬有礼地简单回答"谢谢你"，这样做要比转移话题更合适。

不要只在周围有其他人或身处公共场所时，才表现出礼貌。孩子们很容易发现别人的虚伪。与你深爱的人交流时，真心诚意使用这些魔法般的词语——请、谢谢。《母性》杂志的创始人佩吉·奥马拉曾说："注意你是怎样对孩子说话的。总有一天，这会成为他们内心的声音。"

如果孩子在成长过程中，周围的人都表现出关爱和礼貌，他们也会逐渐养成彬彬有礼、体贴周到的性格。孩子表现得很有礼貌时，让他们知道你很满意，孩子忘记的时候，温和地纠正他们。不要期待孩子表现得完美，对孩子行为的期待值需要和他们的成长发育阶段综合考虑。

如果你的孩子在成长发育中遇到困难或心理问题，不要对此感到内疚和自责，如果你认为别人会基于孩子的笨拙或缺点来评判你，往往就会产生这种感觉。寻求你所需要的爱和支持，告诉自己，无论你的孩子表现如何，你已经足够优秀。

避免因为礼貌的问题与孩子争执，尤其是与十几岁的青少年。强迫孩子道歉或有礼貌，只会适得其反。你的孩子会在耐心体贴的引导下培养出令人如沐春风的性格。这就是良好礼仪的最终目标。

教孩子学会控制愤怒

父母经常因为孩子乱发脾气的问题带孩子来见我。有时候，孩子很难管住自己不发脾气，因为他还不成熟或容易冲动，控制强烈感受能力有所欠缺。但我往往发现，爸爸妈妈的脾气也不怎么好。

我们所有人——无论孩子还是成年人——都会感受到无法控制的强烈情绪。有些人相对随和，即使生活不顺心也不容易被激怒。但也有些人需要努力压抑挫败和失望的感觉，才能避免怒火爆发。如果未能解决愤怒的根本原因，有时我们会说出或做出后悔莫及的事情。通过威胁或惩罚阻止孩子表现出愤怒，只会把未经疏解的情绪压抑在心底，导致饮食失调、药物成瘾或抑郁等问题。这样做就像储存燃料一样，之后可能会发生更严重的大爆炸。

如果失去冷静，不要为此感到羞愧，我们需要后退一步，确认自己的想法或感受，找到愤怒的根源。愤怒也许是未经疏解的悲伤、沮丧、压力、荷尔蒙失调、焦虑或疲劳的外在表现。**除非我们能够理解，愤怒是需要解决的问题所表现出的症状，而不是自己能够控制的行为，否则，我们无法减轻愤怒对生活造成的影响。**

如果家庭成员经常大发脾气，我发现，如果让争吵双方互相对话，倾听彼此的意见，会带来很大帮助。如果双方都能放下防御心理，尝试从对方的角度思考，会更愿意想办法解决问题。

让我来讲一个故事（出处不详）：

有个脾气很坏的小男孩，经常对周围的人发火。一天，他的父亲给了他一袋钉子，告诉他，每当他忍不住想发脾气时，就在篱笆上钉一根钉子。

最初几天，男孩在篱笆上钉了很多根钉子。但随着时间的流逝，他发现自己在发脾气之前逐渐学会了自我控制。他知道在发火前必须找出一根钉子，带到后院钉进篱笆上，这样做可以帮助他管理自己的愤怒。

最后，男孩终于可以告诉他的父亲，他已经学会了怎样忍住不要发脾气。父亲告诉他，每当他度过一整天而没有发火伤害任何人，就可以从篱笆上取出一颗钉子。

终于有一天，男孩告诉父亲，所有的钉子都取下来了。

父亲带儿子来到篱笆旁边，说道："你已经学到了一些非常重要的东西，孩子。但我希望你看看木头上这些洞。这个篱笆永远无法恢复到钉入钉子之前的样子。你盛怒之下的言辞也是一样——即使事后道了歉——你的话语和行为都会给人留下伤痕，就像篱笆上的这些洞一样。"

我们需要帮助孩子学会，如果他们冲动之下想说或想做什么，在真正采取行动之前尽量忍耐一段时间。犯错是人性，宽恕是神性。随着孩子们更深入地理解我们的行动就像篱笆上的钉子一样，会产生不可逆转的后果，对重要的人际关系造成伤害这个道理。我们可以帮助他们想办法在感到烦躁时冷静下来，对自己的行为负责，必要时帮他们改正。

残酷的话语和攻击性的行为，会造成无法抹消的伤害。我们与别人争论时，需要停下来好好想一想，我们的话语会对他们造成怎样的影响。

让孩子懂得诚实的重要

电视剧《新闻编辑室》中有这样一段情节：吉姆是个很有教养的年轻人，玛吉无视他的抗议，介绍他与莉萨约会。吉姆脸皮太薄，虽然他感觉自己与莉萨没什么共同语言，仍然继续和她约会。其实他对玛吉更感兴趣。（真是复杂。）莉萨和吉姆的关系持续了几个月。玛吉甚至帮吉姆买了贺卡和礼物，让他在情人节送给莉萨，巩固两人的感情。莉萨终于告诉吉姆，她爱他，而他出于礼貌，回答说他也爱她。这段感情变得更加认真了，吉姆有苦说不出。他知道他应该告诉莉萨真相，但又不忍心伤害她的感情。

最终，莉萨无意中听到吉姆对她真正的想法，以及他对玛吉的感情，她决定和他面对面说清楚。吉姆本来有机会坦白一切，却仍然否认她听说的真相。莉萨明智地说："吉姆，承认吧。等你鼓起勇气告诉我你真正的想法，我们的孩子都能上幼儿园了！"她说服了他，她宁愿得知真相，而非继续一段虚假的爱情，吉姆终于决定结束这一切。

讨论困难的话题绝非易事，尤其是涉及敏感问题，但如果我们希望孩子长大成人后能拥有健康的人际关系，就要教会他们，诚实是至关重要的。如果孩子经常听到我们与深爱的人一起开诚布公地讨论问题，这会对他们有所帮助的。比如这样开头："有些事情一直令我感到困扰……""你那样说的时候，我不明白你意思……""那方面我一直很不顺利……""我真的不喜欢那样……"

大多数人都读过不少励志自助的书籍，认识到要维护良好的人际关系，关键在于良好的沟通。但怎样才是良好的沟通？在《育儿无须对抗》一书中，我提出了一项策略，称为"育儿第一准则"，帮助父母陪伴孩子一起前进，而非单方面对孩子施压，从而孩子会更愿意接受他们的指导，而不是忍耐和反抗。这种方法首先要承认孩子的感受，而非说服她控制自己的感受。与任何人沟通交流都一样，强行传达自己的观点，会使对方产生抵抗心理。

良好的沟通，首先需要我们尊重别人的立场，认识到别人和我们一样有权维护自己的感受，而非在彼此意见相悖时无视对方的想法，忽略对方的感受。这意味着在沟通中要对自己的行为负责，表达自己的意见时，不要把罪责和过失推到别人头上。

良好的沟通给了人们诉说委屈、吐露真相的空间，也会令彼此之间更加亲密，虽然把痛苦的感受宣之于口这件事情，多少会令人感到困窘。通过这样的途径我们能传达出需要满足（或者至少需要讨论）的需求，同时能帮助我们了解他人——以及我们自己。也使我们能够从那些对我们重要的人那里得到珍贵的反馈——如果我们能够走出自我的局限，接收外界反馈的话。我们希望，随着孩子的成长，他们也能拥有这些特质。

学会倾听别人

我们可以教会孩子，怎样不带侵略性地表达自己的愿望，郑重倾听别人的意见。但正如我反复提到的，我们必须以身作则，为他们做出榜样。**如果你和伴侣交流时不会正视彼此的眼睛，而是打断对方的话或翻白眼，那么，告诉你的孩子不要打断别人的话，不要翻白眼，也毫无意义。**

我曾经读到，在说话之前，要问自己三个问题：

1. 这是真的吗？

2. 这是必要的吗？

3. 这是出于好意吗？

在沟通交流的过程中有意识地慎重思考，孩子会自然而然地认识到，话语能够产生怎样的影响。如果他们自己或别人说出令人受伤的话，他们的内心会响起警铃。

在实际咨询工作中，我经常要求家长和孩子选择一个经常发生冲突的问题，进行倾听练习。规则很简单：一个人先说两到三分钟，诉说自己对于这个问题的想法和感受。倾听者面对说话者，要保持开放式的身体语言，在说话者表达自己想法的过程中不要打断对方、做鬼脸、提出反对，或以任何方式表示蔑视。

说话者讲完后，倾听者需要提出问题或意见，得到三个肯定的回答。这项练习几乎每次都会促使父母和孩子更加亲近，因为每个人都有机会安全地表达出自己的想法，也看到对方在认真倾听。这项很容易做到的练习，不仅能使家庭成员之间的关系更加密切，也为孩子学习谈话技巧打下基础，使交谈双方都感到自己得到了对方的理解。第 11 章中给出了这项练习的示例。

在聊天中建立起联系

我还想简单谈一下另一个关于沟通的话题，也许会令你感到惊讶，那就是闲聊。在我生命中相当长的一段时间里，我认为聊天是一种非常无聊、落后的活动。讨论天气如何，或者哪个品牌的酸奶最美味，感觉很傻。但随着年龄进一步增长，我的观点也有所变化。

人类属于群居动物。人们聚到一起时，我们的本能就是建立起联系。但要怎样做？和别人见面时，当然也可以默默无言地凝视他们的眼睛。但简短的对话是一种很棒的交流方式。话题本身无关紧要。讨论天气只不过是彼此接触的工具，传达出："我看见了你。我和你在一起。我对你颇感兴趣。"

教会孩子怎样与他人交谈，是很有用的，从而使他们无论遇到任何人都可以简单交流。数不清有多少次，我看到别人想让孩子参与到谈话中，而他们整个人都僵住了。"你喜欢做什么，鲍比？""我不知道。""你喜欢体育运动吗？""我想是的。"

所以，虽然我并不支持经常与人泛泛而谈，但我相信，有必要在适当的时间和地点进行友好的交谈。而且，如果我们总是把孩子护在羽翼之下，代替他们说"抱歉，她不想说话"，这对他们没有好处。没错，有些人比较内向，不适应社交，一些非常害羞的人，即使只是看一眼陌生人都感到痛苦，更不用说搭讪了。

我并不是建议强迫孩子违背本性，也绝不是主张鼓励孩子随便和陌生人聊天。但如果我们希望孩子具备必要的社交能力，成长为自觉、自信的成年人，我们需要根据每个孩子的能力，教会他们谈话的艺术。

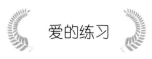

爱的练习

　　回忆一次失败的沟通，对方是个对你来说很重要的人，最终双方言辞激愤，怒气勃发，甚至令彼此疏远。

　　你做了什么，导致谈话转向更糟糕的方向？你是否摩拳擦掌想要对另一个人施压？如果每次都这样开头"你为什么……"肯定会激起对方的防卫心理。是否无论对方说什么，你都被动地同意，心里暗暗冒火，却又无法表达出自己真正的感受？

　　花几分钟时间反思，你怎样才能改变那次艰难的谈话。怎样才能表现出，你会以开放的心态接受别人的观点？怎样才能诚实而不失尊重地表达出你的感受，促成更好的结果？在笔记上把你的想法记录下来。

爱的应用

怎样帮助儿子不至于让他难堪？

问题： 怎样才能帮助孩子理解他的话语和行动会伤害别人，而又不至于令他感到难堪？我儿子的问题是容易冲动，脾气不好，但他同时也是个非常敏感的孩子。他每次大发脾气之后都会感觉很糟糕，说他讨厌自己。我们怎样才能帮助他学会不要发火，而又不至于令他感到难堪？

建议： 这种情况经常出现在既敏感又冲动的孩子身上。一方面，他们脸皮很薄，特别容易感到受伤和被冷落。另一方面，他们很难控制自己的冲动，仿佛汽车的刹车能力不足，无法阻止自己滑向暴怒和狂躁。

这种难题并没有简单的解决办法。你的儿子对于发脾气感到后悔是一件好事，因为自责会抑制这种行为。例如，如果他对兄弟姐妹发火后心怀歉疚，下一次感到生气时就能更好地控制自己。问题在于，虽然理论如此，但容易冲动的孩子在情感上往往还不成熟，来不及充分权衡这样做的利弊就已经大发雷霆。他们脾气暴躁，如果感到愤怒，一瞬间就会爆发。

如果孩子怒火中烧时无法控制自己，并为此感到内疚，他们需要认识到，他们的行为并不代表他们的本质。帮助你的儿子不受行为的干扰看到自己的本质——不喜欢伤害别人。这并不意味着他不需要为自己的行为负责，但这样可以让他知道，撇开他的行为来说，他是个好人，是个有价值的人。帮助他辨认，狂风骤雨一般的情绪袭来之前，体内会出现怎样的征兆——胃里发紧或心跳加快——从而他可以在风暴造成伤害之前向你寻求帮助。

是否要强迫内向的孩子和别人聊天？

问题：你提到要鼓励孩子和别人交谈，但我女儿非常害羞。家里来客人时，她几乎不好意思看对方的眼睛，但只要稍微熟悉一点，她就能表现得很好。对于内向的孩子，我们应该顺其自然，还是应该勉强他们和别人聊天，即使这令他们感到痛苦？

建议：是的，对于内向的孩子，我们应该顺其自然，对于所有的孩子都应该顺其自然。没有孩子希望自己与他人互动时，会因为紧张不安而仓皇失措。

这个问题很难回答，因为有些孩子需要温柔的鼓励，另一些孩子无论如何都做不到，也不应该勉强他们。例如，一个患有自闭症的孩子在超市里不和收银员聊天，我不会认为他应该因此受到责备。

相信你自己。如果你的孩子无论如何都不能进行正常的社会交往，那就让她顺其自然。但如果她只是缺少与人攀谈或处理人际关系的经验，也许你可以考虑一下，怎样帮助她更好地适应这种事情。

是否应该要求我的丈夫道歉?

问题: 对孩子大喊大叫之后是否要向他们道歉? 我和我的丈夫在这个问题上无法达成一致意见。通常,我在事后会感觉很糟,告诉孩子我很抱歉。但我丈夫十分高傲。即使他告诉我,对孩子吼叫之后他也感到内疚,但他认为,对孩子道歉是软弱的表现。

建议: 与另一个人结为夫妻,并不能保证我们在育儿的每个方面意见都完全相同。即使在生孩子之前,我们与配偶大部分时间和谐一致,仍然会有很多事情让我们意见相左。

也许你丈夫的行为是在模仿他的父亲,或者他小时候一位重要的榜样。早年留下的印记十分强大。不要责备、劝告、指摘或批评他不愿意向孩子道歉的做法。如果你表现得像他的父母一样唠唠叨叨,令人难堪,只会激起他的抗拒心理。

如果你的丈夫看到你诚实地对待孩子们——也就是说,他看到你会对自己的行为负责——随后又注意到孩子们尊重你,愿意听话,也许他最终会得出结论:道歉体现出的是坚强,而非软弱。但你必须让他亲自认识到这一点。如果你对他的做法说长道短,他只会更加坚决地捍卫自己的行为。

第7章

知行合一，言行一致

活在世上，想要得到尊重，最好的办法就是让我们伪装的样子真正成为现实。

——苏格拉底

我曾经读过，非洲一个部落中的成员，对待做了坏事的人，有非常特别的处理方式。他们相信，每个人都是抱着爱与和平的心态降生到这个世界，但偶尔人们也会犯下错误。在整整两天的时间里，整个部落的人会一起围绕着犯错者，讲述他一生中做过的每一件好事。他们把这个人的罪过视为求救的声音，聚集到一起来支持他，提醒他想起自己究竟是谁，直到他终于记起自己心中曾经暂时消失的善良。

　　想一想，如果我们也能这样对待爱惹麻烦或者受到伤害的孩子，会怎样？想象一下，当他们犯错时，如果满怀同情地提醒他们想到自己的优点，而非责备他们，会怎样？**如果我们意识到，即使我们曾经走上歧路，仍然有人爱着我们，我们会更容易承认自己的错误，想办法做出弥补，重新取得那些人的信任。**

做出榜样，始终如一

"一件小事看出一个人。"这个重要的基本观点，对于我的个人生活和职业生涯都产生了重要影响。

我儿子十岁时曾经问我，为什么我对晚餐时打来电话的推销员很不礼貌。"如果他就坐在你面前的话，你也会那样做吗？"他问。"不，亲爱的……当然不会。"

有一种说法是，你的孩子会促使你以更高的标准要求自己，这绝不是开玩笑。孩子会看到我们最好的一面和最坏的一面，我们所做的每一件事情都会给他们留下印象。我们对电话推销员说话的态度，我们是否遵守诺言帮忙做一个社会调查，都会被孩子深深铭记在心。也许我们会忘记礼貌，也许发现自己根本没有时间如约参加科学项目。这也没有关系，我们只是普通的人类，有时难免达不到自己的期待。

但如果我们自己的行为违背了我们对孩子的教导，我们需要负起责任。"我原本打算抽出时间帮你做那个项目，我知道，我让你失望了。"或者，在我儿子和电话推销员那件事情上，"虽然我可以找个借口告诉你，我为什么对那家伙很不礼貌，但你是对的。刚才那样对待他，我感到过意不去。"

任一件事的做法体现出每一件事的做法，坚持这种理念，确实会带来不少负担。我们经常需要学会原谅自己。但如果我们能够在品格上做到始终如一，就能让自己成为可靠的北极星，孩子在高尚正直的人生道路上寻找方向时，为他提供值得参考的对象。

对自己的行为负起责任

教导孩子对自己在世间的表现负起责任——无论是顺利的时候还是不那么顺利的时候——这能帮助他们在人生中占据巨大的优势。我们都会被值得信任的人吸引——能够兑现承诺、言出必行的人——我们相信那些人会对自己的行为负责。

十五岁的肖恩和母亲在爆发了一次争吵之后，前来见我，他在吵架时对母亲说了一些相当难听的话，导致他被禁足整整一个月。我问肖恩，事后他有何感受，他告诉我，他感到十分抱歉，但对于禁足又觉得很生气。

我问他是否想知道，他告诉我的事情令我有何感受。"这给我留下的印象是，你在一定程度上是被迫说出那些伤人的话，因为妈妈令你感到生气。你是不是这么想的？"

他表示同意。但他轻蔑地笑了一下，他很了解我的做法，知道我接下来会鼓励他不要局限于自己的观点，从更广阔的视角来看待这件事。

但是我说："肖恩，你能不能把这件事再讲一遍，但这一次，当你描述自己行为或话语时，用'我决定'或'我选择'来开头。"

他稍微犹豫了一下，不过他毕竟是个听话的孩子。"我妈妈教训我时，她令我气得发疯，于是我决定对她说难听的话。她非常生气，说我要被禁足一周。于是我变得更生气了，我就说更难听的话。然后她气得不得了，说我要被禁足两周。"

等他说完后，我问道，这件事的另一个版本令他有何感受。可怜的孩子——把当前这种状况归咎于他妈妈比归咎于他自己要容易得多。但值得表扬的是，他勇于承认是他自己做出了一些非常糟糕的选择，以至于陷入麻烦。我提到过，我们都会犯错，但如果承认自己的错误并努力弥补，就能让事情再次回到正轨。

如果我们口头上告诉孩子，做出错误的决定就要面对相应的后果，希望他们能够深思熟虑，谨慎决策。这样做固然很好，**但要帮助他们真正理解错误的人生抉择意味着什么，最好的办法莫过于邀请一些曾经迷失方向、又把生活重新拉回正轨的人，来为他们讲一些故事。**

我的一位客户带孩子去德兰西街一个帮助人们回归社会的项目买圣诞树。这位父亲告诉我："与德兰西街居民相处的经历，令我们备受鼓舞。一个帮我们挑选圣诞树的男人，谈到他已经两年没见过自己的孩子。这个男人告诉我们，'这是值得的，因为如果我坚持完成这个项目，最终才配得上成为他们的父亲。'还有一次，有个人一边帮我们把圣诞树绑在车顶上，一边和我们开玩笑，我们发现他一辈子大部分时间都在监狱中度过。他谈到曾经犯下的错误，对于自己现在还活着、还有机会重新开始，心怀感恩。"我的客户多年以来都会带孩子去德兰西街买圣诞树，部分原因在于，那里的人对自己犯下的错误负起责任，把生活扭转到正确的方向。他看到，与那些人交谈，会对孩子们产生积极的影响。

可以理解，我们大多数人希望让孩子远离正在戒酒、戒毒或者曾经诈骗的人。但如果你有一些值得信赖的朋友，正跋涉在艰难的生活道路上，而且表现很好，让孩子听一听他们的血泪教训，这将是非常宝贵的建议。无论是上千年前围坐在篝火旁边，还是如今站在郊区的圣诞树旁，我们人类汲取教训的最好的办法就是倾听别人的故事。有些人曾经迷失方向，面对错误后再次找到自己的道路，他们的智慧和领悟，能够对孩子的生活产生很大影响。

鼓励孩子说实话

所有的孩子在特定的年龄段都会说谎，这符合孩子的成长发育情况。其实，在歪曲事实真相的过程中，孩子们也在学习区分幻想与现实、事实与虚构的区别。当然，孩子也会隐瞒真相以避免陷入麻烦。比起说真话要承担的可怕后果，即使以后要面临被抓的风险，坚持说谎带来的不安反而更容易承受。以后是以后，现在是现在。

不要试图借助恐惧和羞愧迫使孩子承认错误，如果我们向孩子强调（当然还要以身作则）要做到诚实很难，但诚实会令人感觉更好，这样往往会有更好的劝导效果。

2010 年，多伦多大学进行了一项研究，希望确定哪些因素会促使孩子保持诚实。把年龄三至七岁的孩子单独留在房间里，事先已经告诉他们不能偷看一个秘密玩具。研究人员不久后返回房间，朗读一个故事——《匹诺曹》《狼来了》《华盛顿和樱桃树》。然后，他们会问孩子是否偷看了藏起来的玩具。

第一组孩子听到的故事描述了不诚实会带来不良后果，然后告诉他们："我不希望你成为《匹诺曹》或《狼来了》里面那样的孩子，告诉我实话！"另一组孩子听到的是华盛顿承认自己砍倒了樱桃树的故事，然后要求他们以此为榜样。与前一组被告知撒谎有不良后果（匹诺曹鼻子变长，喊狼来了的男孩被吃掉）的孩子相比，后一组孩子承认偷看的比例要高两倍。

还有个有趣的变化，如果改变华盛顿故事的结尾，他没有对父亲坦白自己砍倒了樱桃树，而是撒谎说没有做，听到这个修改版本故事的孩子，与听到撒谎有不良后果的孩子一样，不愿意承认偷看了秘密玩具。

结果表明，**如果孩子认为诚实是一种优秀品质，而非认为不诚实会导致负面结果，他们会更容易承认错误。**换而言之，比起有望得到称赞和认可，害怕惩罚产生的激励性要弱得多。

学会真心实意的道歉

在我的育儿生活中，我认识到，虽然不必做到绝对完美，但我必须学会，在我失去冷静，说出或做出一些有失身份的事情时，该怎样负起责任。我必须学会怎样道歉。

这是个艰难的过程，因为每个人出于自负，都会想方设法地避免承认错误。我们成长的环境中，更加重视"正确"，而非承认自己的缺点，我们都学会了为自己辩解，通过十分娴熟地运用理由、借口和归咎于他人。

还记不记得，我曾经说过，孩子会成为我们最好的老师？正是我儿子让我有机会发现，即使意识到自己的不完美，我也能从容接受。我可以承认自己的错误。这是个缓慢的过程，但多么令人安心！还有很多额外的益处：我培养出一个做错事情愿意道歉的年轻人，证明了比起赢得争论或自恃正确，我们更加重视爱。

这就是我对于道歉的认识。道歉必须是真心诚意的，我不打算强迫孩子在伤害别人的感情或身体之后，勉勉强强地咕哝"对不起"。事实上，缺乏诚意的道歉反而会告诉孩子，当个浑蛋也没什么大不了，只要把那三个字挂在口边就行。问题的关键在于，要教会孩子在真正感到忏悔时，再把道歉宣之于口。

在蒙羞抱愧的氛围中不可能做到这一点。如果我们因为孩子犯错就羞辱他们，只会激起他们的防卫心理，更加不愿承认错误。**我们必须帮助孩子接触到另一颗受伤的心，才能让他们思考自己恶劣的行为产生了怎样的影响。**只有这样，他们才能真心实意地说出"对不起"，或者做出弥补。

道歉的第一步，是发自心底地说"对不起"，不要为你的行为找理由。"对不起，但我踩了你的脚是因为你把脚伸出来太远的原因。"这不能算是道歉。很多人道歉时表面上做得不错，但他们会解释自己之前为什么那样做，通常对方也是原因之一，从而抵消了道歉的效果。"我很抱歉，因为你迟到而发火，但我都快担心死了！而且我很累……蔬菜还煮过头了……狗把玫瑰踩烂了……"这完全不同于"我很抱歉，你来晚了，我就因此发火。"你能看到这其中的区别吗？也许稍后你可以谈谈之前发生的事情，帮助对方认识到，他也是造成问题的原因之一。但沟通交流中应该首先反省你自己的行为。

第二，我们需要明确承认自己的行为对别人产生了怎样的影响。"我踩了你的脚，一定很痛。"或者，"你刚一进门我就冲你大喊大叫，多半令你感到措手不及，尤其是你因为堵车已经在路上耗了一个小时。"这会令受伤的一方知道，我们并非只是出于理智随便说些好话，而是真正从对方的角度来看待问题，能够想象出我们的行为具体对她产生了怎样的影响。

第三，告诉对方，我们对于自己的错误造成的后果有何感受，表现出我们希望改进。"我事后非常苦恼，对于失去冷静感到很尴尬。我希望你能知道，我真的会努力改善这方面。我爱你，不希望你担心如果迟到我就会开始吵闹。"这时你可以选择告诉对方，你做出了哪些努力，尽可能避免再次出现这种行为——做出保证，如果你感到生气会离开房间，数到十，写日记，去见心理咨询师，或者多睡一会儿。

第四，问问对方，他怎样才能原谅你，才能恢复好心情。"你还需要我怎样做？"于是对方会告诉你，她接受你的道歉，愿意把这件事忘掉，或者提出她对你的希望。例如，她可能会说："我愿意原谅你，但我希望你能向我保证，如果下次我又迟到了，而且电话也打不通，你在发火之前要听听我的解释。"

有人曾经告诉我，幼儿园里会专门教育孩子，如果伤害了别的孩子，不要说"对不起"，而是问问朋友，她有没有问题，表示关心，给她拿来一杯水和湿纸巾（如果受了一点小伤）。也鼓励其他目睹意外事件发生的孩子，为受伤的孩子拿来湿纸巾。于是，这家幼儿园里每次有孩子受伤，都会收到一杯水和一大堆湿纸巾！一个小男孩或小女孩正在擦眼泪，旁边围绕着一圈小朋友安慰他，这样的画面令我感到欣喜。这些孩子在非常年幼的时候，就学会了犯错时怎样采取实际措施做出补偿，而不是缺乏诚意地咕哝一句"对不起……"

总结一下，道歉分为四步：

1. "对不起。"发自内心地说出这句话，不要做任何解释，以免听起来像是为自己的行为辩解。

2. "我能想象，你感觉……"表明你能够站在对方的立场上看待这件事，表现出同理心和关怀。

3. "以后……"提出你会朝着积极的方向努力，明确表示你不会再次做出那种伤感情的行为。

4. "你还需要我怎样做？"请对方告诉你，是否还有什么妨碍他原谅你，把这件事忘掉。

我们迷失方向时，如果能承认错误，而不是为自己辩解或指责他人，我们会产生一种深深的自由感。我们希望自己能成为更优秀的人，但几乎总是会表现出缺点，如果我们不再因为理想与现实的差距感到焦虑，就能更有同情心地接受自己。对别人道歉也会变得更容易，讽刺的是，只有当我们放下防备心理时，才能更加发自内心地与他人产生共鸣。

育儿的过程帮助我们面对自己的弱点，对自己的行为负起责任，而不会让骄傲自大的心理控制我们的行为，这也有助于培养孩子对自己的行为负责，认识到正直诚实的重要性。

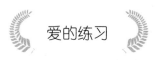

爱的练习

在我们开始之前，首先要说明，下面这项练习的目的并不是要令人再次回忆起曾经的愧疚或悔恨，而是要帮助我们认清一项事实，比起承认错误并做出弥补，掩埋或隐藏一项错误，往往会带来更多的痛苦，付出更昂贵的代价。

回忆你曾经犯下的一项错误，令你得到了十分重要的人生教训。

在笔记上描述当时的状况。

有人受伤吗？如果是的话，怎么受伤的？

你是否立即处理了这次错误产生的后果，抑或第一反应是否认自己犯了错，寄希望于没有人会发现？

如果你没有面对自己的错误，为了隐瞒真相付出了怎样的代价？

对于受到这次错误影响的人，你是怎样做出弥补的？

如果内容合适，也不会伤害任何人，把这件事讲给你的孩子听，帮助她理解，你从面对自己的错误中所学到了怎样的教训。

在笔记上记下你在这项练习中总结的感想或认识。

爱的应用

孩子做错事不应该受到惩罚吗？

问题：非洲部落的故事温馨感人，但我不明白，如果孩子犯错时我们也不会惩罚他们，怎样才能让他们学到规矩。这不会令他们感到困惑吗？孩子做错事，不就应该面对负面的后果吗？难道还要告诉他说他是个好孩子？

建议：如果我们把一个孩子和他的叛逆行为画等号，会为他带来很大伤害。人类做任何事情都是出于两个原因之一：要么为了得到快乐，要么为了避免痛苦。如果一个人说谎、偷窃或伤害他人，要么是因为他相信这样的行为会使他感觉更好——更强大，受人尊重，证明自己是正确的——要么是因为，他认为这样能帮助他避免某方面的痛苦。如果孩子一直因为犯错受到评判、训斥、羞辱，甚至殴打，这无法激励他们进步。他们往往会直接放弃为自己的错误行为辩解，因为他们的心变得越来越硬。（心理学对于这种情况有一个术语："冷漠综合征"。）我们要提醒孩子，他的本性是善良的，让他清楚地看到自己内心是个怎样的人，从而帮助孩子恢复对于自己的信心。比起惩罚的威胁，这种方式能够更有效地帮助孩子鼓起勇气去做正确的事情。

这并不是说，要完全无视孩子的错误行为。如果伊丽莎因为你不让她穿姐姐的毛衣，就把房子里搞得天翻地覆，你可以决定不带她去公园。但你现在很可能已经认识到，对于犯错的孩子，解决办法是找到根本原因，而非考虑怎样惩罚（或奖励）。治标不治本的方法没什么效果，我更加关注的是，理解孩子为什么会出现错误行为——解决其根本原因——而不是在孩子表现不好时随意加以处罚。

孩子说谎正常吗？

问题：我十岁的儿子已经养成了撒谎的习惯，为了避免麻烦会编造各种故事。我完全不知道他什么时候是诚实的，什么时候在撒谎，所以我只能自行判断他是否说了谎，适当进行惩罚。当然，如果他其实说的是实话，这会令他很生气。但我怎么才能看出区别？

建议：孩子表现不好时，我会戴上侦探帽，问几个问题：他的行为有何意义？他决定说谎的原因是什么？这个孩子想要寻找怎样的快乐，或者避免怎样的痛苦？说谎会带来怎样的回报？也许能让他不会感到痛苦或陷入麻烦。这就是意义所在，对吗？

我经常说，当孩子告诉我们一些令人不想听到的事情时，我们所做出的反应，会教导孩子与我们相处时可以多么诚实。当儿子告诉你实话时，发生了什么？你发火了吗？你是否表示对他非常失望？他是否感到羞愧和尴尬？还是感到丢脸？这并不是说，你儿子不诚实是你的错，或者他不应该对这种欺骗行为负责。但我面对一个不诚实的孩子，首先总是会假设，他是从两个糟糕的选项中，选了自己感觉最好的那一个。

孩子对他们所爱的人说谎，自己也会受到伤害，这会破坏对他们至关重要的亲密关系。但如果你的儿子认为，说实话会更糟，令你感到失望（或者害怕你的愤怒和惩罚），他很可能仍然认为，说谎是两害相权取其轻。

如果你努力成为船长，愿意听儿子说出令人痛苦的实话，他那种通过说谎保护你（以及他自己）的做法也会减少。

也许你会发现，加强彼此之间的亲密关系，也会有所帮助。如果孩子感到我们喜爱他们，关注他们，这将唤醒他们身上合作的本能，他们会发现，撒谎带来的不安更加令人难以忍受。

问题：我父亲当年尽了最大的努力照料我们几个孩子（我们没有妈妈），但我十几岁时桀骜不驯，和一群坏孩子泡在一块，做过一些我已经不想再提起的事情，比如破坏邮箱，在镇子里四处涂鸦。我已经彻底改变了生活方式，并且希望我的孩子们——分别为九岁和十一岁——能够尊重我。我是否应该告诉他们，自己曾经做过的那些事情？

建议：我们大多数人都曾一时忘记道德标准，做出不太恰当的事情。虽然记起那段不堪回首的日子，很难完全摆脱胸中郁结，但最重要的是你现在是什么样子。你致力于创造自己想要的生活，体现出你想成为怎样的人，那才是最重要的。

不应该由我来代替你做出决定，在什么时候把什么事情告诉你的孩子。其实你的问题没有标准答案，至少我从旁观者清的角度来看是这样。究竟是否要告诉孩子，你为曾经的选择付出了怎样的代价，我能给你的最佳建议，就是听从自己的直觉。也许，让他们知道你对青少年时做过的一些事情感到多么痛苦，能够为他们带来益处。但你要确保，告诉孩子某些细节是以他们的最大利益为出发点，而不是要通过这种方式洗清你的罪孽。不要让孩子来接受你的忏悔。

如果你决定不要把自己当年的出格行为告诉孩子，确保这样做是出于正确的理由——因为你认为他们还没有准备好，无法把父亲以前的样子和如今他们所知道的样子联系到一起。

如果你需要改正错误——寄出道歉信，做出赔偿，还清债务——着手去做，弥补过错永远不嫌晚。我希望你不仅是为自己曾经的选择负起责任，同时也能原谅自己。就像玛雅·安吉罗所说的："我们越是明白事理，越是行为方正。"你现在更加明白事理了，也能培养孩子们做出更好的选择。

第8章

培养孩子的
同理心、敏感性、同情心

人类的同情心，把我们每个人
彼此连接起来——不是出于怜悯或
同情，而是因为我们作为人类，已
经学会了怎样把我们共同的苦难，
转化为对于未来的憧憬。

——纳尔逊·曼德拉

如今，世界上大约有 6500 种语言。我们通过变化多端的词汇表达出希望、需求、恐惧和梦想。但那些希望、需求、恐惧和梦想本身呢？在本质上都一样。我们人类作为一个物种，在这个混乱的世界上跌跌撞撞地前进，努力生存，让我们的孩子活下来，尽可能度过有意义的人生。

有时，我会把全人类想象为散落在地球上的生命种子。也许我们吃不同的食物，有着不同的皮肤颜色，但我们都是同一个集体的成员。**如果我们希望人类作为一个物种存活下去，我们的孩子长大后需要知道，人类在细胞这种最基本的层次上就是彼此连接在一起的。**这个世界是个脆弱的地方，关心和同情我们的同胞，对于人类的延续来说至关重要。

二十多年以前，意大利研究人员贾科莫·里佐拉蒂和维托里奥·加莱塞观察猴子的大脑时，发现了所谓的"镜像神经元"。他们注意到，一只猴子伸手抓住一颗花生时，会激活特定的大脑细胞，而这只猴子看到另一只猴子伸手去抓花生时，会激活同一组运动神经细胞。换而言之，即使这只猴子并不是亲自做出某个动作，大脑的响应方式与它亲自做的时候一样。

如今的科学研究支持了镜像神经元的概念，别人伤心、愤怒或快乐时，我们的大脑会被激活，帮助我们设身处地体会他人的感受。现在，人们认为镜像神经元对于人类的同理心来说至关重要，令我们能够将心比心，温柔体贴地对待人类同胞。换而言之，我们天生就具备同情心，父母对孩子所做的事情，要么对孩子体会他人感受的能力具有促进作用，要么会让孩子在自我隔绝的道路上越走越远。

给以前的自己写信

不久前，我儿子发起了一个项目，他建立一个网站，名为"给以前的自己写信"，请人们写信给年轻的自己，根据漫漫人生路上的收获，写下感悟、建议或安慰。这个理念是希望重现人类上千年前围绕在篝火周围的谈话方式。他最初的目的是希望人们的智慧在这里彼此交流，他和同龄人可以向年长者学习——也许年长者同样可以从年轻人那里学到一两件事情。随着他收集到不同年龄段、不同文化背景的人所写的信，我目睹他发生了无声的转变。他变得更加愿意敞开心扉，更加敏感细腻了。

我一直会和儿子谈到境况不如我们的人，带他多见一些游历甚广的人，让他了解自家后院之外的世界。我们第一次带他去印度时，他还不到三岁，再次前往是在他七岁和十岁的时候。他十五岁时，我带他到乌干达、坦桑尼亚、澳大利亚和新西兰进行了一次为期两个半月的旅行，探险，学习，担任志愿者。他在塞内加尔和当地家庭一起生活了一个学期。我知道，这些经历有助于使他成为一个富有同情心的年轻人，能够适应不同阶层的生活。

然而，读到的这些信里未经雕琢的细腻情感，明显也唤醒了他自己的内心情感。他结束谈话时加上一句"我爱你"的情况变得更多。有时他打电话来，特意感谢我和他讨论了某件事情，或者做了一顿丰盛的晚餐。我看到他在其他重要人际关系上，也付出了更多的努力，表达出他的感恩之情，保持着良好的关系。

有一封信，尤其令阿里豁然开朗。这封信来自一个年轻的中国移民，写给小时候的自己。

亲爱的 Z：

不要盯着那个饭盒看。里面的东西没有什么值得羞愧的。米饭、炒白菜，你母亲很早就醒来为你做饭。她去食品店买原材料，又要蒸又要炒，最后好好地装进饭盒里。她这样做并不是为了令你难堪，也不是因为她是个固执的中国妇女，拒绝被国外同化。她这样做是因为，她希望你能吃到家里做的饭菜，因为每天早晨她送你上学时，都会看到你脸上寂寞的表情。

别再把你的筷子藏起来，并不是使用叉子就能融入群体。即使你努力表现得更像美国人，坐在你旁边的孩子也不会停止向你扔铅笔。即使你假装自己和别的孩子更相像，他们还是一样会在你每天走进门口时喊你的外号，还是一样会讨厌你。

总有一天你会明白，他们根本不是讨厌你。他们是讨厌他们自己，讨厌他们自己的生活，讨厌残酷的命运令他们生成穷人。他们只是不够成熟，还不明白事理，才会把自己的憎恨和自我厌恶，施加在你身上。他们选择你，是因为他们看到，你刚刚搬到这个陌生的国家，身上流露出脆弱、不确定和困惑的气息而已。

坚强一点，Z，拿起筷子，吃你的午餐。骄傲地用餐，昂首挺胸地用餐。因为你总有一天会吃到星级主厨做的午餐、配得上国王的午餐、异国风味的午餐。然而，你在学会为自己感到骄傲的那一天所吃到的午餐，那种美味他们永远不会尝到。

像这样的信件，令我们有机会一睹他人的磨难和成就。提醒我们，始终还有其他选择，我们可以改变自己的想法，做出不同的选择，创造一种与自己的心灵相契合的生活。

培养孩子的同情心

同情心和敏感性密切相关。我们不能立法规定孩子要善良，也不应该因为他们没有对别人表现出同理心而惩罚他们。为了让他们的心变得柔软，需要让他们走出我们悉心建立起来保护他们的温室。他们也需要看到我们在生活中富有同情心的一面。

我们要寻找机会让孩子进一步了解世界，让世界在孩子眼中变得越来越小，这有助于孩子们认识到，自己身为地球村的公民，对于全球同胞的福利负有责任，而不应该仅仅追求成为第一。

我的朋友格伦农·梅尔顿在她的网站"斋堂"上组织了一个很棒的集体，她发表了自己写给上三年级的儿子的信。已被分享数十万次。下面是部分摘录：

> 蔡斯，我们不在乎你是不是最聪明、最快、最酷或最有趣的。学校里会有很多竞争，我们不在乎你会不会赢得其中某一项。我们不在乎你考试是否一直能得到高分。我们不在乎女孩们是否会觉得你很帅，或者你在踢球分队时第一个还是最后一个被选中。我们不在乎你是不是老师最喜欢的学生。我们不在乎你有没有最好的衣服、最多的神奇宝贝卡片，或者最酷的小玩意儿。我们真的不在乎。
>
> 我们送你去学校，并不是为了让你在任何方面成为最棒的。我们已经尽可能给予你最多的爱。你不需要努力赢得我们的爱或自豪，你也不会失去这一切。就是这样。
>
> 我们送你去学校，是为了让你变得勇敢善良。

她十分明确地告诉儿子，她希望他能够认识到，我们每个人都有责任表现出同情心！她让儿子知道，她和她的丈夫更关心的是，他会成为怎样一个人，而不是他会赢得哪些比赛，他们让他产生了一种真正的自我价值感，这绝不是外在成就或别人的夸奖能够带来的。

大多数人都容易被与我们相似的人吸引，但这样也许会错失认识更多的人的机会，不能令生活变得更加丰富多彩。

我们都知道，旅行可以开阔眼界，但并不是登上飞机才能帮助孩子理解。他们是这个世界的公民，地球上居住着各种各样、为数众多的人类同胞。你们可以与外国人分享一块面包，或者探访同一个城市里文化背景不同的人居住的社区。与出租车司机交谈。问问修理工，他是怎么学会各种技术的。如果我们愿意花时间倾听，每个人的生活都有其魅力。每个人都有自己的故事。在现实生活中与别人接触，没有什么比这更能培养孩子身上同情怜悯和慷慨大方的性格。

教孩子学会尊重长辈

过去，在孩子们成长的环境中，有着各个不同年龄段的人，从新生儿到老年体弱者。出生与死亡都是生活中熟悉的要素。长辈会受到尊重。约定俗成，你应该尊重比你年长的人，聆听他们的故事，学习他们的智慧。

如今，家庭成员往往散布各处，相距甚远，而我们的社会总是把老年人与福利机构联系到一起，主要由陌生人在那里照料他们。

我觉得这很可悲。我们的社会抛弃了年长者，将为此付出难以估计的代价。孩子们需要师承长辈。当然，有些年长者境况悲惨，无法激励和指导年轻人。但大多数年长者都是智慧、见识和灵感的金矿。

与年高德劭、经验丰富的人接触，是十分宝贵的经历。聪明人会与年长者同住，他们的身体也许会产生麻烦，但头脑仍然十分敏锐。要告诉孩子，他们的长辈也曾年轻过，就像他们自己一样。长辈们也曾翩翩起舞，参加聚会，坠入爱河，感到心碎。他们会告诉我们一些美好的故事。

我有一些八九十岁的朋友，他们令我的生活变得丰富多彩。就像登上直升机的人可以看到更广阔的景色，年长者与我们分享的智慧来自更全面的观点，因为他们见识过更多的生活。年长的朋友们为我带来的爱和支持是无价之宝。

多花时间与长辈相处，或者，如果你自己的长辈已经不在，不妨收养一位老人。如果老人又开始讲那个已经听过十遍的故事，你的孩子可能会抱怨或翻白眼。但在美国这种崇尚年轻、恐惧衰老的文化中，重视我们的长辈可以帮助孩子认识到，衰老是生活的一部分，而不是我们要远远避开的东西。

随着我们帮助孩子跳出近在眼前的圈子，了解外面的世界，他们自然而然会开始理解，我们与人类同胞始终相互依存，无论是街对面的人，还是地球另一边的人。

让孩子知道，自己可以改变世界

从早到晚都有人告诉孩子们，可以做什么，不能做什么，这有时会让他们感到寸步难行。**为了让孩子成长为自觉、自信、有爱心的成年人，他们需要知道，自己可以改变世界，可以对别人的生活**

产生积极的影响。下面是两个孩子的故事，他们同情生活在地球另一边同龄儿童的悲惨遭遇，决定为此做些什么事情。我讲述他们的故事，并不是说我们都要努力培养孩子投入人道主义运动，而是鼓励父母，在考虑怎样帮助孩子投入到触动他们的事业中时，要充分发挥想象力，让他们可以按照自己的想法成长。

八岁的维维恩·哈尔看到生活在奴隶制下两个小男孩的照片，这促使她决定为此做些事情。她决定办个柠檬水小摊来筹集资金，连续 365 天风雨不辍。她的目标是筹集 100000 美元，帮助消灭儿童奴隶制。一天，《纽约时报》五十二岁的尼古拉斯·克里斯托夫报道了维维恩的事迹，"她的小活动变成了一项大行动"。她达成了目标，为著名反奴隶制组织"非卖品"捐献了 101320 美元。

当她的父母说："你做到了，亲爱的。你完成了任务。"维维恩说："儿童奴隶制结束了吗？"他们摇摇头。"那我就还没有完成任务。"现年十岁的维维恩，发起了一项运动，建立名为"饮料摊"的机构，"这个社会影响品牌支持其十岁创始人的愿望，希望世界上所有 1800 万被奴役的孩子能够得到自由和安全"。有人问道："有些孩子像你一样拥有梦想，但不确定自己能否做到，你会给他们什么建议？"维维恩回答说："如果你全身心投入其中，你就能做到。你不需要很强大也能改变这个世界。你能做到，就像我一样。"

维维恩的父母原本可以向她解释，虽然她的想法很好，但儿童奴隶是成年人考虑的复杂问题。但他们没有这样做，他们让女儿在重视善良和关心他人的家庭氛围中成长。（维维恩的使命最初就始于她的母亲在一次画展上被儿童奴隶的照片深深触动。）从那时起，他们对女儿希望改变世界的想法就只是单纯地支持而已。

"解放儿童"是一个国际性慈善机构，它激励了超过 200 万年轻人采取实际措施让这个世界变得更好。这个机构成立于 1995 年，当时，克雷格·基尔布格无意中读到一篇新闻报道，东南亚一个小男孩伊克巴尔在四岁时被卖为奴隶，之后六年时间都被铁链绑在地毯编织机上。关于伊克巴尔的媒体报道，引起了一些人的注意，他们想让伊克巴尔永远闭嘴，因此可怜的伊克巴尔在十二岁时因自己关于儿童权利的发言丢掉了性命。克雷格读了伊克巴尔的故事之后，召集一群同学成立了"解放儿童"机构。当时他十二岁，他的那些同学也都是初中生。

　　"我们的时代"（We Day）是一项振奋人心的每天都可参与的青少年活动，诞生的初衷是解放儿童，目前在十四个城市举办，孩子们无法买一张 We Day 的入场券，只能通过参加志愿服务获得。成千上万的青少年和支持者每年都会加入进来。代言人包括德斯蒙德·图图大主教、珍·古多尔博士、詹妮弗·哈德森和"魔术师"约翰逊。年轻人参与到"我们的行动"中，已经贡献了 1460 万小时志愿服务。长期研究发现，这些项目中 80% 的参与者每年会投入超过 150 小时的时间担任志愿者，83% 的人会为慈善机构捐赠款物。尤为令人吃惊的是，79% 的人在 2011 年的加拿大联邦选举中投了票（而整体投票率为 58%）。

　　我希望这些故事能够启发你想办法让你的孩子参加面向儿童的团体，比如"我们的时代"和"饮料摊"。很多年轻人因缺乏目标而感到困扰。需要父母帮助他们参加各种活动，激励他们走出自己的舒适区，找到目标，同时也和同龄人一起享受其中的乐趣。每一个孩子来到这个世界时，天生就具有同情心。在志愿服务中照料别人，让他们有机会体会到人生的意义。

给孩子做出示范，怎样通过自己的双手付出，不求任何回报。带他们一起为无法外出的邻居做饭，让他们把食物送过去。帮助动物收容所里的小狗洗澡。参加清理公园的活动。帮助当地学校给花园除草。参加慈善马拉松，当观众为运动员加油。

我在这几章中描述了，让孩子成为自信、有同情心的成年人所需要的一些最重要的特质，但我发现自己出现了小小的信仰危机。我建议父母不仅要教导，更要以身作则，让孩子学到这些美德，这是否太疯狂了？真的可能有人又诚实又负责，又宽容又有同情心，还能尊重他人吗？育儿本身就是一件很困难的事情，我提出这些要求是否很容易令人有挫折感？

事实是，育儿的确非常困难，因为这要求我们自己身上体现出很多并非与生俱来的美德。这需要坚持，而我们不一定能做得到，尤其是在我们缺乏想象力的时候。就像电影里的情节，孩子的灵魂突然发现自己位于成年人的身体里，我们往往毫无准备，就必须得显得负责、成熟、无私，以成为孩子的榜样。

说说我是怎么解决这个危机的：我意识到，为人父母需要难以置信的勇气。我们每天早上醒来，也许就要面对一片混乱不堪的状况，或者性格暴躁、脸色很难看的青少年。为人父母是需要勇气的，而且没有什么灵丹妙药能让我们变得勇敢。我们只能迈出脚步，全力以赴。

我希望在你阅读这些章节的过程中，我分享的这些理念能够在你潜意识的土壤中播下种子。我绝对不希望你感到自己缺点太多，不够诚实，责任感或同情心不足。

你所能，与人为善。也许会犯错，跌倒。再次站起来，鼓起勇气。如果你无法再次鼓起勇气，用心祈祷，或者请一位朋友来支持你。过好生活中的每一天，对自己好一点。

爱的练习

大多数人天生就具有同情心，我们同情那些在困境中挣扎的人，希望能减轻他们的痛苦。但短暂关注不幸者悲惨的遭遇是一回事，采取行动又完全是另外一回事。

我们都很忙，在普通家长一天的生活中，考虑到孩子的事情，几乎没有时间坐下来好好吃顿饭，更不用说和孩子一起参加回馈社会的活动。

但如果我们充分发挥想象力，往往就能找到合适的办法，与孩子一起参加各种活动，让我们感觉自己为他人的生活做出了有意义的贡献。

想一想什么会令你感动。也许包括动物、艺术、残疾人、老年人、政治、退伍军人、扫盲、环境、无家可归、饥饿。想一想哪方面的需求或活动会自然而然地吸引你的孩子。或者考虑一下什么会点燃你的热情。孩子们开始参加志愿服务，起因往往是他们的父母对于某方面的事业满怀热忱。

考虑你和你的孩子可以怎样奉献一些时间回馈社会，在笔记中写下一两种方法。比如为贫困家庭准备圣诞礼物，或写信给海外驻扎的部队。也可以是带着家里的狗到辅助生活中心抚慰他人，或者志愿辅导存在阅读困难的孩子。没有任何限制，自由发挥想象力，如果有一位年老的邻居喜欢别人读书给他听，这就是一种很好的回馈方式。

爱的应用

儿子非常敏感，他可以担任志愿者吗？

问题： 我的孩子会强烈地感受到别人的痛苦。他也是个容易忧虑的人。我喜欢和他一起担任志愿者，但他事后几乎会崩溃。我们在假期中帮助无家可归的人，他担心我们一家人以后也会无家可归。我们去照料他学校里一位正在接受化疗的母亲，他十分担心自己的妈妈是否也会患上癌症。我想，他帮助别人时感觉很好，但他们的痛苦会对他产生巨大的影响。

建议： 哦，这些可爱的、敏感的孩子！他们与世界之间的过滤装置太薄了，对他们来说，声音更响亮，光线更明亮，感情更激烈。

我曾见过许多高度敏感的孩子，并且一直感觉这些孩子并不太适合那些充满痛苦和悲剧的志愿服务。可以考虑让你儿子帮助无法外出的邻居做些事，给花园除草或遛狗。也许他会喜欢陪当地幼儿园的小孩子一起玩。如果你的儿子热爱大自然，也许他愿意帮忙修整当地公园的小路。

我们不能一直把孩子保护在温室中，这也不是对他们最有益的做法。我们需要一点一点让孩子了解一些艰难复杂的现实，地球上很多人类同胞过的是怎样一种生活。但我们可以尊重孩子的高度敏感性，避免让他因悲伤和焦虑感到无法承受。

读一读伊莱恩·阿伦的著作《高度敏感的孩子》也许会对你有所帮助。阿伦博士称，在每一个群体中——包括人类和动物——约15%到20%位于性格冲动的一端，约15%到20%位于高度敏感的一端。对于整个群体的生存而言，这两种类型都是必需的。冲动者促使这个集体探索新的领地，而敏感者指出易被他人忽略的危险，例如一棵树上几乎难以察觉的痕迹，意味着可能有熊在附近徘徊。不要放弃，继续想办法让你的小家伙为社会做出贡献，但也要敏感地关注他的敏感性。

如果我们确实很在意儿子的成绩，该怎么办？

问题： 我喜欢你引用的那封给蔡斯的信，但我和我妻子真的很在意儿子在学校能否拿到高分，或者在科学博览会上能否获奖。难道你不认为，鼓励孩子表现优秀也是很重要的吗？

建议： 当然！如果我们知道自己已经尽了最大的努力，就会感觉良好。问题在于，如果孩子在成长的过程中把注意力集中于怎样赢得别人的赞美，当她内心深处知道自己已经做得很好，却没有别人注意到，她会失去这种满足感。

美国文化是一种非常关注外界、重视成就的文化。确实，这是个充满竞争的世界，比较有干劲、有毅力的孩子，通常会比那些没什么动力的孩子表现更好。但如果孩子们认为我们最关心的是高分或奖状，他们可能会忽略那些不太容易衡量或认可的成就。

我发现，如果孩子学会以自我作为参照——意味着他们会扪心自问，了解自己对于某些事情的感受，而不是条件反射性地观察外界反应，确定自己是否已经做得很好——他们内心会更坚强。这些孩子信念更明确，更不易受到同龄人的影响，更愿意去做正确的事情，即使周围不流行这样做。

帮助你的孩子发现努力带来的快乐——这一点没错！但也要让他们知道，即使没有获奖，没有金牌和奖杯，他们尽了最大的努力成为更好的自己本身就是最好的回报。

孩子是否有可能喜欢上志愿服务？

问题：我的孩子对于志愿服务或帮助别人似乎没有任何兴趣。学校要求他们去做社区服务，但我的孩子会尽量选择做起来最快、最容易的事情。他们并不是坏孩子，只是非常自我。他们认为，每学期必须付出几小时的时间回报社会，这很不公平。如果孩子并不是天生就具有这种品质，你能教会孩子真正同情别人吗？

建议：我对于社区服务计划感觉很复杂。总的来说，有总比没有好，但我也认为，你不能立法要求人们善良，或者强迫某个人对别人亲切友好。这些都属于发自内心的东西，只有当我们认识到，我们都是同一条船上的乘客，才会产生这种感受。

找一种可以全家人一起做的活动——一种天然具有吸引力的活动。很多孩子喜欢动物，或者当他们成为一群小孩子中的大孩子时，会感觉自己与众不同。在社区公园为无家可归者募捐，或者在资金筹集活动中担任志愿者。你亲自帮助别人的时间越多——也许每个月几个小时——你的孩子会抱怨得越少。

埃文，一个来自美国马里布的十七岁的高中生，来找我做心理咨询。我和他认识了很多年，包括工作中和生活中，所以他很容易敞开心扉，立即开始向我倾诉他内心的挣扎。他说，虽然他过着美好的生活，差不多拥有了自己想要的一切，但他感到抑郁。他成绩非常出色，有个很棒的女朋友，是个体育明星，可以全权使用他父亲的信用卡。然而他十分抑郁。

埃文告诉我，在一节课上，要求他总结一周的支出。他震惊地发现，自己在七天里花了超过一千美元。"我意识到，买东西就是我生活中的全部，和朋友们一起闲逛，或者在电话上聊天以便不错过任何很酷的事情。这就是关于我的一切。"我问，他有没有做过什么事情令他感到有意义或有目标。他静静地坐了一会儿，然后说："完全没有。"

我们讨论了各种各样应对抑郁症的做法，但他最渴望的是在生活中融入更多有意义的事情。咨询结束时，他的心情明显有所改善。埃文打算想办法让生活不再只围绕着自己，对此他感到十分激动。首先，他打算更积极地参与到家庭生活中，而非纯粹只是接受父母慷慨的赠予。

我希望你能找到一种方式，一种令人感到愉快和满足的方式，让帮助别人的活动成为你们一家人生活中的固定环节。让孩子们知道这些事很重要，对于他们来说的确非常重要。

第9章

帮助孩子应对生活的压力

在美丽的黄昏，和一条狗并肩坐在河边，有如重回伊甸园，即使什么事都不做，也不觉得无聊——心里只有幸福平和。

——米兰·昆德拉

对我们有些人来说，童年是懒洋洋、慢吞吞的。白天都在树林里或田野上探险，骑着自行车漫无目的地到处逛，在外面一直玩到天黑。我们用石头和泥土建造城镇，把冰箱想象成堡垒和宇宙飞船。当然，表面上田园诗一般的生活，有时也会隐藏着悲伤和秘密，比如虐待和忽视。但在不那么遥远的过去，孩子们消磨时间的方式与现在不同。我们都没有那么匆忙。

如今的孩子，背负着整个世界的重担。他们被督促在学校里拿到高分，在课外活动中表现优秀，处理现实中和网络上复杂的人际关系，通过竞争进入一所好大学或找到一份体面的工作。

2012 年，有人揭露 125 名哈佛学生卷入欺诈丑闻。密歇根大学进行的一项研究表明，10% 的高二学生和接近八分之一的高三学生，承认使用非法获得的处方药物（"学习药"），以便完成沉重的学业。根据《青少年健康》杂志报道，大多数青少年的睡眠时间，至少比有益健康的推荐睡眠时间少两个小时。

美国心理学会进行了一项名为"美国压力"的研究，发现 30% 的青少年称，压力令他们感到难以承受、沮丧消沉、十分悲伤。接近 25% 的人曾经因为压力而不吃饭。几乎三分之一的青少年说，压力经常令他们泪水盈眶。过去六十年中，15 至 24 岁男性的自杀率增加了三倍，同等年龄的女性增加了一倍。1981 年到 2006 年之间，10 至 14 岁青少年的自杀率增长超过 50%。

美国儿科学会发布的一项研究指出，压力应激激素，比如皮质醇和肾上腺素，对于青少年的身体会产生显著的长期影响，有可能导致他们成年后出现心血管疾病、哮喘、病毒性肝炎，以及自身免疫性疾病。如果大脑正处于成长发育期，因压力而释放出的化学物质，会干扰神经网络的发育，抑制新神经元的生长。

这些统计数据在现实生活中的证据，经常出现在我的办公室里。父母因为孩子一直说想要自杀，带着八岁的孩子前来见我。十四岁的孩子会割伤自己以缓解焦虑和痛苦的感受。有些孩子睡不着，吃不下，孤僻不合群，容易流泪，或者害怕独自一人。我见过被欺负的孩子和欺负别人的孩子，在考试中作弊的孩子，为了冲淡生活中的痛苦和压力经常喝醉的孩子。这一切都令人心碎。童年是短暂的。在这短短一段时间中，孩子们本应探索世界，研究如何与他人相处，寻找自己的才华，爬山，跳舞，演奏音乐……享受乐趣。

作为父母，我们的生活重心会对孩子的想法产生巨大的影响。如果我们教导他们，我们最关心的是外在成就，他们自然会寻找走向成功的捷径——考试作弊或熬夜学习。应该让孩子知道，我们希望他们在生活中保持好奇、兴奋、热情，我们来到人世间是为了享

受生活，而不是削尖脑袋拼命向前挤。

作家吉宁·罗思采访的一些金融顾问告诉她，他们的每一位客户在达到最初的财务目标后，都会提高期望值，设定更高的目标，无一例外。无论他们已经拥有多少，达到目标后永远不会知足。最后，他们总是想要更多。

教孩子应对生活中的各种压力

孤独，或者切断与他人的联系，是产生压力的一项主要原因。迈克尔·普赖斯采访了《群体性孤独》一书的作者谢里·图克尔，写道："多亏了互联网上的社交网站和短信，在当今时代，人们彼此之间的联系虽然要比人类历史上任何时候都多。但生活中不使用电子设备时，他们也变得更加孤独，彼此敬而远之。这不仅改变了我们在网上互动的方式，同样也使人际关系变得紧张。"图克尔告诉普赖斯："十几岁的孩子告诉我，他们更喜欢打字而非谈话，这体现了新技术带来的另一种全新的心理效应——隐藏自身想法的可能性。他们说，在电话里容易说得太多，他们在实际对话中不太能控制住自己想说的内容。"

孩子们走出学校，看到他们的父母正在低头看智能手机。和爸爸一起去看体育比赛的男孩，以前在比赛间隙时会和爸爸聊天，现在则是等着爸爸查看电子邮件。妈妈如果在亲自哺乳或者用奶瓶给婴儿喂奶时发短信，则会冲淡这种原始的亲密接触中产生的情感交流。此外，如果妈妈收到一条令她感到焦虑的短信，她会把紧张的感觉传达给宝宝，婴儿会把产生的感受归结于与妈妈之间的关系，而非外界影响。

阿里安娜·赫芬顿在她的著作《茁壮成长》中分享了下面的故事："母亲去世之前最后一次对我发火，是因为她看到我一边浏览电子邮件，一边和孩子们交谈。'我讨厌同时做几件事。'她用那种令我自愧不如的希腊口音说。换而言之，以肤浅的方式与整个世界联系起来，会妨碍我们与最亲近的人建立深入的关系——包括我们自己。这就是智慧所在。"

人与人之间的关系有助于减轻压力。**最能使孩子变得坚强的，莫过于和心爱的人之间真诚的关系**。我在之前的著作中，根据戈登·诺伊费尔德博士的描述，详细介绍了孩子们在人生最初六年中经历的六个情感阶段。在孩子的一生中，我们可以通过这六个逐步渐进的过程，加深与孩子之间的感情，为孩子提供生活中最有效的压力解药：健康的人际关系。

新生儿通过与父母亲近，开始踏上情感的旅程，他们通过我们的气味、触感和声音，与我们联系起来。两岁左右的孩子，会希望能像我们一样——这个阶段重点在于"相同"，有助于儿童习得语言。下一个阶段则是"归属"或"忠诚"，我们会看到三岁孩子把兄弟姐妹从妈妈膝盖上推下去，坚决地宣称："这是我的妈妈！"孩子四岁左右时，在"重要性"阶段中，我们要认可并赞美孩子本身独一无二的特点，进一步加强感情。五岁左右，人际关系进一步深入，这是"爱"的阶段，孩子开始向我们敞开小小的心灵。如果一切顺利，到了六岁，在"了解"的阶段，我们建立起坚实的情感基础。我们让孩子清楚地知道，我们会听她说出心里话，像冷静的船长一样为她提供支持，无论暴风雨多大，她都能顺利起航。

如果孩子与心爱的人之间建立起持久、可靠、健康的关系，就能更好地应对生活中的压力。雅克·吕塞朗在《会有光》一书中记述了他一生面临的挑战，先是幼年突然失明，之后参与法国抵抗运动，还有后来在集中营里的生活。"我的父母会为我带来保护、信心、温暖。每当我回忆起童年，仍然能感受到那种从四面八方笼罩我全身的温暖。……我在危险和恐惧之间来回穿梭，就像一道光在镜子上折射。那就是我童年的快乐，只要穿上这具魔法盔甲，就能保护我一辈子。"

这并不是说，与父母之间关系亲密的年轻人就不会在逆境中奋力挣扎，但总的来说，如果孩子与慈爱的父母或照料者之间关系亲密，在他们需要缓和生活的压力时，能够给他们带来很大的益处。

应对变化和不确定性

人生最大的确定因素就是不确定性。有些事情是我们无法控制的，我们越是能接受这一事实，越不会在生活与计划不符时感到无能为力。如果我们证明自己可以灵活应对意想不到的情况，就能帮助孩子认识到，他们也可以忍耐不确定的状态，等待更多的可能性展现出来。

记得有一次，我和十五岁的儿子一起坐在肯尼亚内罗毕的机场里。当时已经是午夜，我们刚刚得知因为航空公司不能识别我们的电子签证，所以我们无法登上前往澳大利亚的航班。阿里开始感到紧张。我们在内罗毕没有认识的人，从坦桑尼亚来到这里的旅程耗费了接近二十四小时，航班起飞时间马上就到了。虽然我也很担心，但还是努力保持放松，因为我知道，我应对当前状况的方式，很可能会影响儿子在未来生活中怎样处理类似的事件。

我建议平静接受有可能遇到的最坏情况。我们开始讨论，如果被迫滞留，我们能做些什么，并且提醒自己，即使我们不得不在内罗毕停留一两天时间等待传统纸质签证，也不会有什么大问题。

我们的航班即将起飞时，航空公司收到来自澳大利亚领事馆的传真，我们可以登机了。但那时我们已经确信，即使赶不上这趟航班，也只不过是度过与计划不同的几天，我们肯定没问题。

然而，帮助我们的孩子，不仅要教导孩子怎样应对进展不很顺利的事情，也要教导他们，怎样令自己的生活充满乐趣。

制造欢乐，不畏艰难

据称，四岁孩子平均每天笑三百次；而四十岁的人，只笑四次。诺尔曼·卡普斯在他里程碑式的著作《笑退病魔》中，记述了仅仅观看十分钟马克思兄弟的滑稽电影，就可以减轻关节炎引起的痛苦，令他能享受几个小时没有疼痛的睡眠。

欢笑可以减少压力荷尔蒙，促进内啡肽分泌，推动心脏血液循环，增加能够杀死病毒的细胞数量，还会使我们抵抗疾病的能力变得更强。也能改善我们的情绪和心态，强化人与人之间的纽带。

欢笑和快乐是对抗压力的最佳方法。安妮·拉莫特说:"欢笑是加了碳酸气泡的圣洁。"音乐也是一种美妙的方式,用来摆脱脑海中的思绪,深入心灵深处。试试看,在早晨唤醒孩子时,演奏钢琴曲《啊,多么美丽的早晨》,或者在大家一起跳着舞去吃晚餐时,唱起法瑞尔·威廉姆斯的《快乐》。小小的变化会带来强烈的冲击。在第 11 章中,你会找到各种方法,给日常生活增加更多的快乐和欢笑。

我们对待生活的态度,可以升高或降低孩子的压力水平。虽然我们在什么时候应该鼓励他们克服障碍,什么时候应该鼓励他们放手,有时候并不容易搞清楚。但在无处不在的育儿生活中,我们应对生活危机和掌控生活的方式,的确会对孩子的未来产生持续的影响。

激励孩子在未能取得成功时继续努力,是极为重要的。关键是要让他们即使明知直接认输会更加轻松,内心仍然充满力量,努力跨越绊脚石。然而,满怀激情和快乐地追求梦想,与强迫自己去做不可能实现的事情,是完全不同的。孩子需要认识到,如果他们未能达成期待的目标,可以尝试别的方法,暂时休息一下,或者顺其自然。不要认为只有取得某个结果才不算失败,失败也并非末日。**一路磕磕绊绊,跌跌撞撞,不断摔倒,我们往往就是这样抵达目的地的。**

让你的孩子认识到,虽然我们都有个人好恶,但即使生活没有按照我们的计划发展,也要保持平静的心态。孩子会怎样看待你错过航班时的反应?你是否会责怪别人?如果你得知汽车需要大修,孩子们会看到什么?你是否会跺脚咒骂?发生意料之外的情况时，你应该表现出从容应付的能力。让孩子听到你问出这样的问题："这会在五年内发生问题——还是两天？"让孩子看到，你会把道路上的颠簸放在更广阔的背景中看待，他们未来也会倾向于这样做。但如果你认为事情一定要完全按照你的想法发展，你就会感到无能为力。而无能为力的感觉又会引起压力。

有些人认为我们太过溺爱自己的孩子，为他们做好每一件事情，让生活中不可避免的颠簸和瘀伤与他们彻底绝缘。但溺爱和养育是有区别的。养育是一种爱的行为——包括与孩子之间建立起亲密关系，体贴地理解孩子。溺爱则体现出我们自己的焦虑，我们控制孩子的一举一动，希望永远不会看到他们苦恼或悲伤。

几年前发生过一件事，一位大学生发现宿舍失火时，没有拨打火警电话，而是打电话给妈妈问她应该怎么做。类似的例子太多了，有些父母就像直升机一样，总是在孩子上空焦急地盘旋，希望确保她的数学试卷上每个答案都正确，或者因为女儿没有被邀请参加同学的生日聚会而打电话给对方的母亲，要求"纠正一次疏忽"。

如今的孩子们面临着前所未有的压力，随着压力水平继续攀升，我们需要帮助年轻人找到良好的应对策略。

如果你的孩子持续表现出压力或类似情绪（焦虑和抑郁）的迹象，千万不要无视这个问题。一定要让你的孩子知道，无论他们正在经历什么都可以坦率告诉你。我在网络研讨会和培训班上，投入大量时间指导父母们，不要对孩子传达出矛盾混乱的信息："你可以告诉我任何事情。""等一下——你做了什么？你要有大麻烦了！"

孩子会考验我们，看看我们是否说话算数，在他们感到担忧或有压力时，是否真的可以找我们倾诉。他们会稍微抱怨一下，观察我们是否会认真倾听他们遇到的事情。我们会成为冷静自信的船长，还是会在孩子们透露自己遇到麻烦时从船上跳下去？

如果我们希望在生活艰难时帮助孩子应对压力，恢复平静，我们需要承担起自己的责任，从而可以诚实地告诉他们："无论你正在经历什么，亲爱的，我就在这里，我会帮助你度过这段艰难的时光。"

练习正念冥想

妹妹穿了我最喜欢的毛衣，于是我撕掉了她的作业。我当时非常生气！

——卡罗琳

我的大脑不断告诉我一些令人担忧的事情，比如我会把口头报告搞得一团糟，然后大家都会嘲笑我。我无法停止这些想法。

——戴维

我看到朋友们把通宵派对的照片放在网上，而我没有被邀请。后来我割破了我的腿，感觉自己是多余的，心里充满悲伤。

——蒂法妮

我没有拿到全班最高分，心情真的很糟。我坐进妈妈的汽车里，开始对她大吼大叫，然后我哭了起来。

——亨利

现在我们已经知道，并非只有成年人才会长期处于压力过大的状况下。青少年甚至儿童都需要学习怎样应对生活中的逆境，这将令他们受益匪浅。指导孩子们通过调控情绪来克服冲动，学会怎样放慢速度和重新着眼于当下，无论是现在还是成年以后，这都将帮助他们过上更幸福的生活。

玛格丽特是一位老师，她在学校里实施了一项计划，让每位学生参与正念冥想练习。看看这会为三年级学生带来怎样的积极影响，她决定让刚被诊断为多动症的七岁儿子也试试这样做。"我买了个冥想铃，每天睡觉前，我们会闭上眼睛摇铃，听着逐渐飘散的铃声，想象自己在云端飘浮。有时候，他真的感到非常焦躁，我会听到他在楼上摇响铃声，让自己平静下来！"她继续告诉我，就像那些学生一样，她的儿子也变得更能集中注意力，不再那么烦躁。"正念冥想练习只需几分钟时间，但确实会对这些孩子产生很大影响。"

"正念冥想"的理念吸引了不同年龄、性别和种族的人群。简而言之，这个术语指的是保持好奇和客观的心态，专注于当下发生的事情。埃克哈特·托利更喜欢使用"自我存在"这个术语："正念冥想似乎暗示脑海中充满各种念头和想法，事实完全相反。"也有人使用"静心"或"提升意识"等术语。在本书中，我使用"正念冥想"这个术语代表没有进行思考的安静状态，使我们能够深深沉淀于引起焦虑或压力的任何外部事件的表面之下。这种练习需要利用感官——声音、触觉、呼吸——让自己沉浸于此时此刻，而不要让思绪飘向过去或将来。

孩子需要对充满压力的状况做出反应时，正念冥想可以帮助他们先暂停一下，更灵活地来处理难题。让孩子不要太过关注自己的思想，告诉他们，思想只是思想，就好像天空如此广阔，云朵的存在完全不会带来干扰，片片思想的云朵在我们的意识中飘过，不一定会干扰我们。思想出现，停留片刻，随后消散。

正念冥想导师为了形象地给孩子们解释这一理念，会在瓶子里装满水和沙子（或小苏打），盖上盖子，然后让孩子们摇晃这个瓶子，观察里面的"风暴"。等到各种成分沉淀下来，他们会看到沙子或小苏打已经沉到瓶底，水再次变得清澈。这就是我们头脑中发生的事情。如果我们能够安静下来，一段时间之后，思想的风暴就会平息，我们可以更加有意识地思考和行动。

如果家庭和学校能够指导孩子怎样进行正念冥想，孩子们就能更好地应对挫折，往往也会更有同情心，更好合作，更有耐心。忐忑不安的孩子会学到怎样欣然接纳自我。焦虑恐慌的孩子会发现，虽然他们总是为现实或想象中的威胁感到担忧，但此时此刻其实没有危险。这有助于他们在情绪濒临崩溃时恢复平静。

正念冥想已被引入各种不同领域，取得了巨大的成果。湖人队前主教练菲尔·杰克逊曾经赢得十一次 NBA 总冠军，他把自己的成就归功于正念冥想练习。他让球员们通过静坐来增强精神力量，甚至规定了"沉默日"，在此期间完全不允许开口说话。如果场上比赛打得不顺利，他会让球员聚集在长凳上再次进行正念冥想练习。国会议员提姆·瑞安等人开展了针对退伍军人的正念冥想计划，显著减少了创伤后的应激障碍。监狱已经开始利用正念冥想来改造罪犯，改变他们的生活方式，预防犯罪，以及减少累犯。

已经有超过六千名员工、三千名家长和四万名学生参与了琳达·兰蒂耶里的内在韧性项目。她启动这个项目来帮助纽约的教师们应对"911"事件带来的创伤和职业倦怠，引入冥想、瑜伽，以及内心的思考和反省。"因为，所有的外界防范措施都可能坍塌，但我们内心的事物不会崩溃。无论发生了什么都仍然存在于我们心中。"

我已经把简单的正念冥想练习成功介绍给很多孩子和家长。这还带来一项额外的益处，人们都变得更加专注于内心。

有一天，我接待了一位母亲和她十五岁的女儿，这是一次非常困难的咨询。那位母亲列出一条条被女儿破坏的家规，而她的女儿浑身散发出怨恨和愤怒。我问她们："你们是否介意我们中断交谈，休息一下，然后再点击重启键？"她们两人都同意了，房间里气氛极为紧张，我们都需要暂停一下。

我请她们闭上眼睛，引领她们进入一次短暂的正念冥想练习。首先，我让她们把注意力放在自己的呼吸上，注意能感受到呼吸的身体部位——也许是空气进入鼻孔，从喉咙后面流过，也许是气流在胸部或腹部上升下降。过了一会儿，我要求她们把注意力放在自己听到的声音上。"也许是吹过树丛的风声，也许你会听到汽车在马路上行驶。也许是时钟的嘀嗒声，或者只是你自己呼吸的声音。如果你开始走神，轻轻把注意力拉回来，关注周围的声音。"

我们花了大约三分钟时间进行这项练习，当心情逐渐平息下来，我建议她们闭着眼睛安静地坐一会儿，准备好的时候再睁开眼睛。

我们看向彼此的第一眼，我就知道，事情已经发生了变化。她们两人都说，感觉更能专注于内心，更冷静——短短几分钟的变化令人惊讶。房间里的氛围冷静下来，话语中的怒火也开始降温。我们重新开始讨论，两人都更加开明，双方的立场不再那么顽固。

我曾经和六岁的孩子、六十岁的老人一起做过这项练习，每次都会发现，只需停下来专注于自己的声音、感觉或呼吸，就能使人们恢复冷静，仅仅口头告诉他们放松或冷静是做不到的。

每天和你的孩子一起做这项练习——最好固定在同样的时间和地点——这个习惯可以使家里每个人都从中受益。大多数正念冥想活动都很适合孩子们，也非常容易实现，第 11 章中列出了我最喜欢的几种。再次强调，如果你不适应"正念冥想"这个术语，只需将这些活动视为参考，帮助你更加专注于当下。

爱的练习

你的孩子是否会对你吐露心声？我们大多数人都愿意相信，孩子遇到困难时会向我们寻求帮助。但我们往往令孩子难以倾吐自己的不安，我们的反应教会了他们，坦白自己正在经历的事情并是什么好的选择。

如果孩子告诉我们，他在考试中作弊被抓，或者十四岁的女孩坦白她正在考虑和男朋友做爱，我们很可能会喊叫、威胁，或苦口婆心地唠叨，这些处理方式都无法帮孩子解决手头的难题，只会暴露出我们自己的能力不足。

反思一下，如果孩子告诉你一些你不想听到的事情，你会做出怎样的反应。你能否表现得平静豁达？你会变得生气，还是开始唠叨？你会努力解决问题，还是让孩子忘掉她的感受？你会不会惩罚或恐吓孩子？你是否令这次谈话结束得很不愉快，让孩子产生一种如果以后再次面对充满压力的状况，最好和朋友们讨论，而非找你倾诉的感觉？

虽然有时候并不容易做到，但应该让孩子认识到，他们可以向我们寻求支持，这会起到很大的作用。无论他们的生活中出现怎样的狂风暴雨，我们都会帮助他们在海上顺利航行。

在你的笔记本上记下来，孩子因为某种压力向你求助时，令他感到安全的方式。如果你更加关注这方面，致力于成为一位冷静沉着的船长，就能在遇到压力引起的问题时更好地陪伴孩子。

爱的应用

孩子排斥我们，我怎样才能帮助他？

问题：我十六岁的儿子和初恋女友分手后，一直与家人疏远。我知道他受了打击，想要告诉他，一切都会好的，他会找到另一个值得爱的人，但他完全把我排斥在外。听你谈到，亲子感情在帮助孩子克服压力时非常重要，我感觉很糟糕，因为我们如此疏远。如果他远远躲开我们，我们怎样才能帮助他？

建议：正如我前面所说的，孩子向我们敞开心扉时，我们的反应会告诉他们，向我们透露生活现状是否安全。如果我们的反应是提出一大堆意见，或者对于他们的悲伤表现得极为忧虑，他们将学会保守秘密，以避免不仅要应对自己的压力，还要面对我们因他们的烦恼所带来的压力。

重建彼此之间的亲密关系，需要耐心和时间，但终究会成功的。你十六岁的儿子正处于孩子想要独立和摆脱父母的年龄段，这并不意味着你的儿子不需要你。然而，如果你抱有索求的态度逼迫他——急于知道他的生活细节，或者迫不及待希望他再次恢复快乐——他会本能地撤退。

寻找不起眼的、侵略感不强的机会，建立亲密的亲子关系。也许你儿子愿意帮你做一种新的甜点。也许可以让他给你介绍一些最近在听的音乐。如果他稍许透露了自己目前面临的难题——但只是无伤大雅的小事——试着表现出关注，但不要问出一大堆问题或给出一连串意见。

女儿因为网上的事情感到压力很大，我该怎么做？

问题： 我女儿十四岁，她和朋友们在网络上的关系，令她承受着很大的压力。我想劝她远离令人烦躁的争吵，但她说我根本不理解。后来，如果网上出现针对她或某个朋友的负面帖子，她有时甚至会因此失眠。

建议： 对于网络世界中复杂的社交关系，很少有孩子能应对自如。从某种意义上来说，这对于父母也是一个未知的领域。应该怎样设定界限，或者只是进行适当的监督，才能使孩子享受虚拟社区中的生活，而不会感到迷茫，受到伤害，甚至痛苦不堪？

告诉你的女儿，你也承认，自己并不了解网友们会为她带来多少问题，但如果情况开始变糟，你希望能帮助她尽量不受影响。如果她没有向你寻求建议，就不要提出意见（我称之为"不请自来"），问问你女儿，怎样才能更好地帮助她，让她来告诉你，在艰难应对这一切的过程中，她需要怎样的支持。如果她只是想倾诉一下，让她尽情诉说。如果她知道你愿意倾听，而不会絮絮叨叨地说教，她会更愿意接受你的忠告。

如果你能取得她的信任，她会放下防备心理，谨慎地迈出一步。表现出你的好奇心。"别人取笑你发布的帖子，似乎令你感到很生气。你能不能告诉我，为什么你明知会出现伤人的评论，还是不断刷新自己的主页？"或者"亲爱的，别的孩子攻击凯茜时，你保护她的方式是在网上说那些孩子的坏话，我不知道这是否真的对她有帮助。如果你关上电脑，打电话给她，问问她感觉怎么样，对她来说是否更有意义？"

怎样帮助孩子们在网络世界中遨游，我想，所有的父母面对这个问题都只能凭直觉行事。首先要察觉到问题所在。如果你的女儿到当地公园去玩，每次回家都受了伤或者一直哭，你会想办法解决问题的根源，而不会就此禁止她出家门。让她把你视为盟友，而非一种外部控制力量，只知道限制她的乐趣。

儿子是个完美主义者，我怎样才能帮助他？

问题：怎样才能帮助孩子知道，什么时候应该尽自己最大的努力，什么时候可以顺其自然？虽然我很高兴我十二岁的儿子非常努力，但有时候也希望他不要那么坚持把作业做到完美。他每一个细节都要求尽善尽美。我和我妻子很担心，如果小学六年级的家庭作业就为他带来这么大压力，以后上了高中要怎么办。

建议：有些孩子似乎生来就打上了完美主义的印记。对于他们重视的事情，我们想方设法也很难说服他们不要过于担忧。但很多孩子对于完美的追求，是模仿父母中的一方或双方，仅仅做得好是不够的，要出众，仅仅出众是不够的，要极为优秀，这种想法已融入他们内心深处。

告诉你的儿子，你很想知道，如果他已经累了甚至筋疲力尽，而脑海中仍然有个声音在督促他，那是一种什么样的感觉。"即使明知自己已经做得很棒，仍然感到不满意，你会产生怎样的感受？"如果你能表现出，你希望造访他的内心世界，更好地体会他所面对的一切——同时不会评判或责备他——也许他会进一步敞开心扉，最终更容易接受你的引导。

也许你儿子类似于那种爱听表扬的"讨好者"，拼命想要得到老师的注意或表扬。在这种情况下，看看他从别人的认可中得到了什么，也许可以通过另一种方式实现。希望表现出色，给老师留下深刻的印象，这无可厚非，但如果导致压力过大，最好通过其他方式满足这种潜在的需求。

如果你感觉儿子的完美主义来源于你或你的妻子，一定要做出榜样，更平衡地处理各个方面。如果你正在做一个项目，让孩子看到，虽然你还能做得更好，但只要足够好就可以了。休息一下，今天到此为止，顺其自然。希望他能领会到，虽然把事情办好会令人赞许，但没有什么值得我们牺牲自己的健康或幸福。

第 10 章

快乐源于内心强大

小猪皮杰发现，虽然他的心非
常小，但里面有着很多很多的感恩。

——A.A. 米尔恩

20 世纪 70 年代，我还是个十几岁的少年，无意中走进美国堪萨斯市一家新时代书店，拿起一本薄薄的蓝皮书——《美赫巴巴语录》。我当时其实根本不知道语录是什么，但第一行字就令我牢记终生："无欲无求，就能幸福。"——虽然我当时年轻而缺乏阅历，这个想法引起了我深入骨髓的共鸣，我知道这就是真理，虽然我还不能确定，自己是否真正理解了这句话的意思，又该怎样体现出来。

无数的名人都说过同样的话——幸福的关键在于让自己从欲望中解脱出来。**如果我们能够心平气和地接受生活本身的样子，就能解放自我，体验真正的快乐。**我真心实意地相信这个理念。

这并不意味着我们应该让孩子在生活中随波逐流，完全不去理会心灵的督促与渴望。憧憬往往是最深层自我的语言，激励我们发展独特的才能和天赋，关键是要在埃克哈特·托利所说的"存在"和"进步"之间保持平衡。他在演讲中解释说，如果太过专注于

"进步"，我们会失去了享受当下的能力，陷入一种不良模式，充满压力、焦虑，永远无法满足。但如果我们始终停留在"存在"的状态，我们活在这个世界上就没有多少意义。埃克哈特把这描述为"没有思想"。他解释说，如果我们完全放弃努力，实际上也就失去了警觉的意识，这是存在于当下的一部分。我们需要在"存在"和努力生活之间保持平衡，这样才能感到快乐，取得成就。

但美国文化总是用一大堆各种各样的东西诱惑我们，号称能令我们得到真正的快乐，生活在这样的环境中，保持平衡说起来容易做起来难。哪个孩子不是拼命想要这样或那样的东西？这真是个难题。孩子会接二连三地产生期待，如果他们能够获得某些可望而不可即的东西，就会受欢迎，得到表扬，有地位，感到高兴。"如果我能在考试中拿到高分……如果卡梅伦告诉凯特琳说他确实喜欢我……如果你们能给我买个新的 iPad，摄像头更高级的……"

这令我回忆起皮尤研究中心进行的一项调查，询问十八至二十五岁的年轻人，他们渴望成为什么样的人，81% 的受访者回答说，他们最想成为有钱人。如今的广告给人一种感觉，仿佛生活中缺少某些东西就称不上完美，要抵制这些广告的影响并不容易。

但幸福是买不到的。我在心理咨询中遇见的一些最沮丧的客户，他们优雅的风度足以登上杂志封面，他们在世界各地拥有自己的房子，过着田园诗般的生活，时不时拍下在马里布海滩冲浪的照片，身边是迷人的配偶和漂亮的孩子。几乎没有人能猜到，他们每天都在抑郁中挣扎，试图用毒品或酒精来缓解自己的痛苦。外界看来一切都很棒——就像一个漂亮的红苹果——但里面有一只虫子，正在蚕食他们的灵魂。

我曾经翻阅《建筑文摘》杂志，里面刊登了很多设计完美的房子——梦想中的厨房、无懈可击的客厅、手工制作的家具，连每个枕头都放得整齐有序——我开始想象生活在这些房子里的家庭。当然，有些人会心满意足地走过一间间奢华的房间。但我也认识另一些人，花费数年时间住进自己梦想中的房子，最终还是要面对一个悲哀的事实：幸福是买不到的，痛苦仍然如影随形。也许全家人并不会聚集在天花板像教堂里一样、用进口橡木做房梁的客厅里，围绕在大理石壁炉周围，一起欢笑和玩游戏。也许孩子们经常在设计精美的卧室里生闷气，为了给网友们留下深刻印象，搞得自己身心俱疲。房子也许值得羡慕，里面的生活则未必。

享受生活中美好的事物当然没什么不对，很多富人也过着幸福的生活，充满爱和欢乐，有着明确的目标。我只是想强调，世间的成功和幸福并不能画等号，心满意足的生活远远不是金钱能够买到的。

平静地接受无法满足的愿望

如果我们能够理解，幸福是买不到的，当孩子抱怨得不到自己想要的东西时，我们也能更加坦然地面对他们。但不要批评他们不知感恩，而是应该帮助他们克服自己的失望，理解他们的感受，引导他们学会接受现实。

我还记得糟糕透顶的一天，我八岁的儿子一路哭着回家，因为我不肯给他买一副三十美元的口袋妖怪卡片。哦，他真的很想要那张卡片！要买到他的笑容很容易。但我们已经设定了消费限额，这张卡片远远超过了限制。我心情很糟。他这么想要，买给他又能有什么坏处呢？

但我希望他知道，我相信他能够应对欲望得不到满足所引起的怒火。我努力表现得体贴、宽容："我知道你很想要那个，亲爱的。我知道这感觉很不公平。"但我仍然会坚持原则。虽然这很难，但我相信，得不到自己想要的东西，可以帮助他学到，他的幸福并不依赖于妈妈的信用卡。

正如我所说的，愿望本身并不是负面的东西。愿望和憧憬往往是来自灵魂的低语，为我们指引生活的方向。运动员如果不是期盼发挥自己的最佳水平，为什么要日复一日筋疲力尽地训练？如果我无视自己想学印地语的愿望，怎么可能学得会？但如果我们渴望得到某样事物，意味着以今天为代价追求更好的明天，这时候愿望就会带来问题。

帮助你的孩子认识到，猴子大脑中对于"物质"的无限欲望，与人类灵魂中真正的渴望的区别何在。倾听心灵的呼唤是人类的天赋。秘诀是不要把所有的鸡蛋放在同一个篮子里，心想："当且仅当满足……的条件时，总有一天我会幸福的。"即使我们渴盼取得更大的成就，但人生旅程才是真正的目标所在。我们的目标不仅仅是摘下星星，也要享受这段旅程。

如果家里的气氛轻松友爱，如果我们向孩子灌输目标意识，如果我们愿意回馈他人，如果我们帮助孩子与自己和别人保持亲密联系，那么，我们就为孩子提供了构成美好生活的各种要素。

帮助孩子过更快乐的生活，也需要教会他们克服消极的习惯和思维模式——改变我们的幸福设定值，或者我们感受快乐的能力。

积极心理学的研究者相信，人们有一个幸福"设定值"——保持相对恒定的主观幸福水平。彩票中奖者即使赢得数百万美元，往往也会恢复原本的幸福设定值，遭受巨大损失的人也是一样。我的朋友马尔奇·西莫夫称，这个设定值是由三个方面决定的：遗传学（50%）、习惯（40%）和环境（10%）。

乍一看，这似乎意味着，如果你运气不好，遗传到的基因偏向于"玻璃杯有一半是空的"，那么，有50%的可能，你命中注定活得不快乐。但事实并非如此。表观遗传学家已确认，改变生活习惯可以改变我们的DNA。戴维·拉克尔博士指出："表观遗传学意味着'基因之外'，或者说，我们把自己的基因浸泡在怎样的环境中，取决于人类的选择……我们可以做出选择，让基因浸泡在喜悦、快乐、运动和营养丰富的食物中，还是浸泡在愤怒、缺乏希望、垃圾食品和久坐不动的生活方式中。"换而言之，无论周边环境或遗传基因是怎样的，我们都可以培养自己的幸福感。

据称，我们每天会出现六万个想法，其中大约80%是负面的。而且我们今天的思想中，大约95%与昨天、前天和大前天几乎是相同的。这就意味着，**如果不改变习惯的思维方式，我们每一天都会沉浸在大约四万五千个消极想法中**。我们的基因会浸泡在非常消极的环境中！

美国国立卫生研究院的研究人员测量了大脑中的血流量和活动模式，他们发现，消极思维会刺激与焦虑和抑郁相关的区域，就像我们体内的毒药。为了帮助孩子培养出健康的习惯得到幸福，最好的方法就是让他们习惯并接纳我们的做法。

如果生活艰难，孩子是否会看到你陷入"如果……会怎样"的负面循环？抑或你会在竭尽全力挤出柠檬汁的同时，用口哨吹出快乐的曲调？很自然地，你更希望汽车变速器不要发生故障，或者户外烤肉时不要下雨。然而，喜欢和需要之间存在区别。如果我们需要某样东西，因为无法忍受其他的替代品，拼命想要取得特定结果，这会令我们感到无能为力，进一步助长绝望的心情和不健康的行为。

如果孩子看到，我们虽然承认自己感到失望，但不会因痛苦一蹶不振，他们就会明白，在人生遇到坎坷时继续坚持是怎样一幅画面——等他们自己遇到难题时，也会参考这种处理方式。

在心中寻找幸福

提到幸福，有些人会想到橄榄球四分卫得分后高兴地跳起舞来，或者新娘满心喜悦地走过教堂通道。这确实是人生中的特殊时刻，但相对罕见，间隔时间很长，同时也依赖于外部环境。

真正的幸福深沉宁静，不依赖于外部环境，也并不取决于我们渴望得到的事物或成就。而是令自己沉浸于这样一种状态，将深深的喜悦注入我们的生活中——无论平凡的日子还是非凡的时刻。

作家芭芭拉·德·安杰利斯给我讲过她的故事，对我产生了相当大的影响，我想在这里转述给读者们。经过多年寻找，她终于遇到了一个男人，她相信那就是她的灵魂伴侣。他们深深坠入爱河，她对于自己的好运惊叹不已。他们手牵手在海滩上散步，芭芭拉心里满满都是幸福。她的爱人给她寄来热情似火的情书。她每一天都沉浸于从未感受过的浪漫幸福之中。

几个月后，她发现这个男人同时周旋于好几个女人之间。尤其令人受伤的是，他写给那些人的情书，与写给她的一模一样。她感到心碎。如此真挚深沉的爱，怎么可能是假装的？她抱着一颗破碎的心，把整个世界隔绝在外，让自己陷入一个深深的黑洞。

她处于这种情绪低落的状态中过了一段时间后，心里开始松动，突然领悟了一件事。如果这整段爱情的经历都是虚假的，她为什么会感到如此幸福？她开始明白，她和这个男人相处时，心里想到他时，所感受到的喜悦和爱其实一直都在她心里。即使他们在一起的时候，那许许多多的爱，也并不是由他传递给她的。并不是他给了她一颗药丸，打开她的心扉。而是因为他表达出的感情，促使她打开自己心中快乐的水龙头。是她自己打开了水龙头，才会经历一次轰轰烈烈的爱情，而不是因为他所做的事情。事实上，她只是需要一个男朋友作为借口，让自己感受到一直以来都存在于她心里的感情。

我之所以喜欢这个故事，是因为它揭露了我们很多人一直延续的谎言：我们的幸福取决于其他的人或事物。如果你能思考一下以前沉浸于幸福中的时刻，首先会记起表面上发生的事情，也许你所爱的人都聚集在一起，也许你正在树林里散步。

然而，虽然外部条件很重要，幸福的感觉是你心中唱出的歌曲。真正的幸福发自内心，无论外界正在发生什么，我们都可以找到这种感觉。如果我们能帮助孩子理解，幸福是心灵的产物，这将是多么美妙的礼物！

如果我们能敞开心扉，欣赏此时此刻的一切，那么即使只是拿起一块面包，也会与我们为之感恩的诸多事物一样，给我们带来同样多的幸福——这是需要教给孩子的关键一课。

我们心中那条幸福的河流始终都在流淌，随时可以步入其中。真正的幸福，就是享受生命这个单纯的奇迹。

教孩子学会表达谢意

感谢，不是一件可以通过言语教会孩子的事情，但如果我们能养成感恩的习惯，孩子们必然会受到影响。经常表达谢意，可以帮助我们不再把注意力放在错误的事情上，而是赞颂美好的事物。

约翰·戈特曼是一位心理学教授，撰写了多本著作，包括《婚姻生活七大原则》。在针对婚姻稳定进行研究的过程中，他找到了一种技巧，不仅适用于婚姻，也适用于其他家庭关系：确定一个比例，五次感谢，一次批评。

他建议，只要做出一次批评，就需要五次积极的认可或感谢才能抵消批评产生的影响。哈维尔·亨德里克斯与他的妻子一起创造了意象关系疗法，也提出类似的理念，鼓励夫妻们从彼此伤害的沟通模式转变为互相鼓舞。我成功地帮助一些家庭把这个理念融入他们的日常生活中，孩子（父母也一样）希望知道我们喜欢或欣赏他们。如果你发现自己懊恼地对孩子说："你吃东西时为什么总是那么吵？"接下来最好在一整天中时不时给出积极的评语，比如，"我喜欢你那么温柔地和小狗一起玩，亲爱的。"或者，"我驶进车道时，看到你正在外面玩，看见你真高兴，能成为你的爸爸真好！"对我们所爱的人表达谢意，就像机器上的润滑油，能够减少摩擦，让家庭生活更顺利。

回答孩子关于生活的重要问题

"精神"和"灵性"这些词语有很多含义。我在本书中提到这些词，指的不是宗教或神学上的意义，而是指，我们天生渴望理解我们为什么要活着，是什么力量（如果有的话）主宰一切，我们最初为什么会来到这里。人类似乎存在一种与生俱来的渴望，想要了解生命的秘密。我们期待能有合理的解释，从更深的层次上理解宇宙，以及我们身处其中的位置。

你对于灵性的看法，也许是相信上帝或某种仁慈的力量统治整个宇宙。也许是你与天使或精神导师之间存在某种联系，又或是历史悠久的民族文化传统。也许你的信仰来自于父母或成长的社区。也许你拒绝了这些信仰，转为接受其他迥然不同的理念，因为那与你的心灵和情感更有共鸣。

无论我们有何习俗或信仰，都需要思考，怎样把这些传达给孩子。我们希望他们去上教会主日学校吗？我们是否想把某些仪式融入他们的日常生活中？我们想让他们学习经文中的段落吗？我们会在饭前或睡前祈祷吗？我们是否认为他们应该接触各种不同宗教，从而可以做出自己的选择？抑或我们属于无神论者或不可知论者，决定不要给孩子灌输任何特定信仰，让他们找到自己的道路？

这些纯属个人决定，我相信父母们都能自行处理。但我们至少需要准备一些基本的答案，回答孩子们关于生活的重要问题，比如我们所爱的人去世后会发生什么。

电影《魔茧》中的一幅场景，令我产生了深深的共鸣。（剧透）一个年轻女人在她的小屋里脱下衣服，而且不仅仅脱掉了全部衣服（一个通过窥视孔偷看她的人所期待的），也脱去了自己的皮肤——从头到脚，彻彻底底。皮肤下面，她是个明亮的存在，发出耀眼的光辉。在隔壁偷看的那个家伙目瞪口呆。她只是去掉了外在的身份，展现出自己本身的样子——纯粹光明的存在。

我很喜欢这个画面，有时在日常生活中也会回想起来。我与别人互动时会想象，在他们的外在形象下面，他们也像我一样，只是神性的外在表现，神灵进入一个身体，在地球上暂时嬉戏和学习。有时我甚至会想象，我遇到的每个人都是乔装出现的上帝或神灵——我们两人都知道，我们并不是自己所扮演的那个角色，同时希望在扮演的过程中尽情享受乐趣。

也许这个理念对你没什么意义，但有助于为一些孩子解释，我们的灵魂就是把某种类似于光的东西，注入身体的容器中，这就是为什么有些人去世之后，我们会感受到与他们之间的爱与连接仍然留存下来。再次强调，我相信每一位家长都会找到正确的方法，与孩子讨论生与死的问题。有些人也许什么都不会说，他们的做法就是默默坚持正直的生活，让孩子自行体会理解，过上同样的生活，走上同样的灵性道路。

但也有些父母会满怀热情地进行灵性方面的活动。他们虔诚地加入教会，每天冥想，定期聆听启发灵性的导师演讲，每天早晨在精神导师的祭坛上鞠躬，与他们的天使或精神导师在感情上融为一体，或者隐居避世以加深自己的信念。有时候，在这些满怀热情的奉献者家里，孩子反而会认为父母的精神追求十分荒谬，完全不打算参与。就像电视剧《家族的诞生》中迈克尔·J. 福克斯的角色，坚决拒绝父母的自由主义思想趋向，十几岁就成为穿西装打领带的共和党人，孩子可能会拒绝接受我们的精神信仰，甚至表现出嘲笑和蔑视。

如果孩子最终还是抗拒你为了传授信仰所做出的一切努力，虽然令人失望，但也不是什么坏事。如果你滋养心灵的做法对你自己来说真实有效，不需要得到任何人的认可——包括你的孩子。我见过有些父母强迫孩子参与精神层面的修行，以为这样就能使他们接受，其实反而会斩断最后一线希望。这样做毫无用处。

没错，不妨让你的孩子接触为你带来心灵滋养的事物。但让他们自行决定是否愿意参加这些活动，让他们看到你因此变得更加平静、更加体贴和慷慨，从而做出决定。我要再次强调，孩子会成为我们最好的老师。他们会直觉感受到我们身上每一丝虚伪，并揭露出来。如果我们提到自己的信仰时显得过于强势，或者坚持要他们与我们走上同一条道路，反而会使他们退缩。如果我们冥想后从房间里走出来，显得暴躁易怒，他们对于我们所说的沉浸于宁静的内心体验，会完全失去尊重。如果我们从教堂回来之后，对在那里见到的人说长道短……你能想象那是怎样一种状况。孩子会坚持真实的自我。

你没有必要在灵性活动之后表现出一种圣洁的态度，轻飘飘走进房间里，带着天使般的微笑低声问你的孩子，能不能把玩具收拾好。但要意识到，孩子们更多是通过自己所看到的事实来学习，而不是我们所说的话语。如果希望他们能接受你的灵性道路——或者至少愿意敞开心扉探索——不要试图把这些内容像填鸭一样直接塞进他们嘴里。让他们受到灵性的吸引，就像你自己一样，因为他们心中有一种感觉发出了召唤，同时你在他们面前过着身体力行的生活。

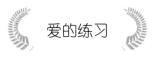

爱的练习

下面列出了我在前几章中讨论过的品质，覆盖了很多领域，无疑也遗漏了一些你认为在抚养孩子时非常重要的特质。首先花一点时间思考一下，你认为哪些品质是最重要的。在笔记本上记上一两行，为了帮助你和你的孩子进一步培养出这种品质，你可以做出哪些转变。

例如，如果你选择了"尊重我们自己"，当同事一再要求你替他打掩护，以便他可以花更长的时间吃午餐时，也许你会更坚决地拒绝。如果你选择了"负起责任"，也许你会特意和孩子们讨论，如果你伤害了别人的感受或拒绝了别人的请求，每一位家庭成员会怎样处理这种不可避免的情况。如果你选择了"有激情、有目标的生活"，也许你和你的孩子可以志愿参加一项小小的研究。也许你会决定参加一个写作班，让孩子看到，你会怎样追求藏在内心深处的渴望。

提醒一下，我们讨论过的品质如下所列：

道歉

为自己的选择负责

快乐满足

诚实

敏感性

良好的沟通

亲密关系

应对压力

培养同情心

应对愤怒

表现出良好的礼貌

发展同理心

享受生活

享受独处的时间

感受到自己值得被爱

回馈社会

享受乐趣

尊重长辈

尊重灵性

遵守诺言

尊重地聆听

倾听自己的直觉

有激情、有目标的生活

应对不确定性

学会感恩

练习正念冥想

学着温柔对待自己、照料自己

清除不健康的人际关系

重新设定我们的幸福值

尊重他人

尊重我们自己

在人际关系中设定界限

加深彼此的感情

爱的应用

我把孩子宠坏了吗?

问题: 我一直拼命工作,想让家人过上幸福的生活,然而,我的孩子们对于家里华丽的房子和昂贵的家具,毫无感激之心。他们只关心最新的小玩意或最酷的衣服。现在想教导他们感谢自己所拥有的事物,而不是抱怨自己没有的,是不是已经太晚了? 我已经把他们彻底宠坏了吗?

建议: 我从来不喜欢用"宠坏"这个词来描述孩子。"坏掉"(注:英文"spoil"一词既有"宠坏"的意思,也有"坏掉"的意思)的牛奶? 没什么问题。"被宠坏的孩子?"不应该这样说。孩子们天生渴望得到自己想要的东西——往往会强烈地向我们提出要求! 但恰恰应该由我们来教会他们,不能指望所有的要求都能得到满足。我们需要帮助他们培养在愿望未能全部实现时忍受失望的能力。

如果我们突然决定不再对孩子有求必应,然后因为他们表现得不知感恩而气愤,这有点不公平。如果你们全家一直追求簇新闪亮的东西,期待孩子突然变得凡事懂得感恩是不合理的。

改变你的孩子对于父爱的认识。开始为他们提供一些用钱买不到却能真正令人满足的东西：自行车长途旅行，经典的"大富翁"游戏，到城里从未去过的地方探险，或者全家一起去看电影。让他们看到你会欣赏生活中无形的美好事物——读一本好书带来的享受，看到自己在花园里种下的植物开花结果产生的喜悦。如果你改变自己重视的东西，孩子也更容易淡泊物欲，对于拥有的事物表示感恩。

孩子可能需要一段时间才能摆脱对于物质的欲望。不要责备他们不知感恩。如果他们想要什么东西，做个未来愿望清单添加进去。帮助你的孩子体会到，为了自己特别想要的东西努力工作存钱也是一种乐趣。如果他们无法得到某样东西，对于他们的失望和沮丧表示同情理解。

一个人可以从消极变得积极吗？

问题：我家谱上很多人都患有抑郁症。真的有可能把习惯于消极想法的人转变为积极乐观的人吗？

建议：这就是生活的奇迹，我们的成长环境表面上定义了我们的生活轨迹，但我们可以突破自我，亲自创造出全新的生活。

没错，挑战长久以来的消极思维模式需要做出很大努力。这些思维模式已成为习惯，而习惯是很难改变的。你需要全神贯注，保持警惕，才不至于再次出现那些根深蒂固的思维：认为不愉快的经历永远无法避免，放弃美好的事物，因为你不相信那可能成为现实。

但你可以让自己从家谱的束缚中解放出来。你拥有自由意志。

你可以选择怎样跳出生命之舞，将艰难的时刻视为成长的机会，将美妙的日子视为天赐的礼物，未来还会有更多的美好等待着你。

这并不意味着应该无视他人的支持（在你需要的时候），无论是药物、心理治疗，还是改变生活方式——包括饮食、睡眠、运动、冥想或游戏。但你可以当个开拓者，打破原本的家庭模式，打破你家里妨碍幸福的玻璃天花板！

第 11 章

小工具、小技巧、小策略

旅程中唯一真实的事情，是你当下正
迈出的第一步。这是所有一切的一切。

——埃克哈特·托利

关于怎样培养自觉、自信、有爱心的孩子，我所写的很多内容都是大家所熟知的。我们都知道，抱有感恩的心态十分重要，活在当下是明智之举。有些人会在付诸行动时遇到困难。认识到我们应该更多地陪伴孩子，或者抱着感恩的心态生活，这固然很好。但要把这些理念融入日常生活，完全又是另一回事。

我们中很多人致力于使世界变得更美好，在我们热爱的人道主义事业中投入了大量时间和精力。但我们眼前就有一个机会，可以为世界带来积极的影响。在育儿的过程中抚养孩子成长为自觉、有爱心的成年人，让我们有机会建立一个更美好的世界。

在本章中，我列出了各种各样可以融入日常生活的活动。有些理念会令你产生共鸣，有些则不然。但我强烈建议，至少把其中几种做法融入你的生活。虽然我鼓励你和孩子一起去做这些事，但所有这些活动也都可以自己完成。

培养正念、认知、自我意识的练习

"妈妈，你在听我说话吗？"

"爸爸，我跟你说过两次了，我需要你开车送我过去。"

"你说你只是花一分钟时间查看工作邮件，但已经过了很久！"

我已经提过好几次，孩子可以成为我们最好的老师，为我们提供无限的机会从更广阔的视角看待问题。他们提醒我们保持专注的方式之一，就是指出我们的心不在焉。

如前所述，正念冥想已经不仅仅局限于冥想中心，开始进入学校、监狱和医院。如果从孩子小时候开始，正念冥想就能成为他们生活中的一部分，这将多么美妙！想象孩子们体会着自己的感受，在这样一个世界中长大成人，不再在面对巨大压力时束手无策，而是让感恩的心充满日常生活。

通过下面这些做法，将正念冥想的练习融入你的家庭生活。最好能亲自做出榜样，如果你从未进行过任何形式的正念冥想，我建议至少先亲自实践一个月，然后再介绍给你的孩子。

1. 布置场所

怎样把正念冥想介绍给你的孩子，具体细节取决于孩子的年龄和成长发育阶段，但一般来讲，你可以这样说："也许你已经注意到，我在早晨（下午、晚上）有时候喜欢安静地坐下来，静静待一会儿。我这样做的时候感觉很好，内心十分安宁，能够帮助我更好地度过每一天的生活。"

"我也想教你怎样做。你愿意吗？"（最好让孩子"主动报名"，而非代替他们做出他们必须进行正念冥想的决定。大多数孩子们都会感兴趣，但最好还是问问他们自己是否愿意学。）

"正念冥想真的很简单。只需关注此时此刻发生的事情，不要思考过去或未来。我之所以喜欢这样做，是因为这令我感到更平静，更快乐。我们首先要找个专门的地方，每天花几分钟时间一起做这项练习。我想我们可以选择这个地方（指向房子里某个位置）。你能帮我布置一下这里吗？"（请你的孩子一起来布置一个舒适的空间，也许可以摆放坐垫、鲜花或室内植物，以及对于你们每个人有着特殊意义的小玩意。如果你喜欢焚香或香味蜡烛，有些香味可以令人更容易让思绪停留在当下。）

确定正念冥想的场所，然后就可以开始第一次练习。

2. 开始练习

"我们先让自己舒服一点。不要僵硬紧绷，从头顶开始，想象一个温暖的光球令你脸上和下巴上所有的肌肉放松，然后向下移动到脖子和肩膀处，让每一处肌肉都放松下来，赶走任何僵硬紧绷的感觉。"继续引导孩子放松，从头到脚。

要把正念冥想介绍给孩子，最简单的方法之一就是使用冥想铃或西藏颂钵。敲响铃声或奏出音调之后，让你的孩子仔细倾听，声音变得越来越弱。你可以让他们在听不到这个声音时举起手。这会让他们把注意力集中在这个声音上，对于其他的一切置若罔闻。

第 9 章中提到了孩子们喜欢的另一种活动。让你的孩子倾听周围一切声音——无论室内还是室外。告诉他们，如果他们发现自己走神了——这几乎是必然的——只需把注意力轻轻引回声音上——汽车驶过的声音，肚子咕咕响的声音，狗的吠叫声。鼓励他们轻松自如地关注自己周围的声音，无论是什么声音。

3. 感受呼吸

最常见的正念冥想活动之一，就是感受呼吸。告诉你的孩子："吸气时，把注意力放在吸入的空气上。感受空气进入你的鼻孔。是温暖的还是凉爽的？空气从喉咙后面流过，进入你的肺部。接下来，把注意力完全放在自己的呼吸上、鼻子里、喉咙后面，也许随着你吸气和呼气，腹部会一起一伏，或者关注呼吸时发出的声音。如果你分神了——很有可能——让注意力回到自己的呼吸上来。"安静地呼吸几次，继续这样做下去。

你也可以让孩子在吸气和呼气时数数，从而在她安静体会呼吸的起伏时，思想能够集中在一件事上。告诉孩子："放松你的身体。等你准备好以后，做个深呼吸，吸气时，数'1、1、1、1、1、1、1'，呼气时数'1、1、1、1'，直到把肺里的气体全部呼出。等待下一次呼吸——不必匆忙，慢慢来。再次吸气，数'2、2、2'，然后呼气，数'2、2、2、2'，直至全部呼出。也许你更喜欢只在吸气或呼气时数数，怎样做都可以。继续这样呼吸十次。接下来一段时间，注意继续呼吸而不数数是什么感觉。"

4. 把手放在胸口和腹部

如果我们感到筋疲力尽或压力过大，会倾向于胸式呼吸，呼吸得更快，更浅。而我们放松时，会更缓慢地用腹部呼吸。如果想要重新把注意力集中于当下，一种简单而有效的方法是，让孩子把一只手放在胸口，另一只手放在腹部。"在你吸气和呼气的时候，注意哪只手会一起一伏。不要试图改变某只手的动作，只需关注哪只手的动作幅度更大。"等孩子对自己的呼吸和双手观察了一段时间之后，你可以鼓励她转变为腹式呼吸。之后可以问问她，改用腹式而非胸式呼吸是否有什么不一样的感觉。如果她说自己感觉更加平静，不妨建议她在感到不安、担忧或非常烦躁时，试试这种做法。

进行正念冥想之后，很多孩子都喜欢分享自己的感受——包括他们在集中注意力时遇到的困难，之后体会到的平静的感受。也许他们同样喜欢倾听你诉说自己的感受。抱着开放的心态仔细倾听，让他们知道，你非常喜欢与他们共度这段特殊的时刻。

5. 观察情绪

正念冥想帮助孩子理解自己的感受，从而他们在面对情绪的暴风雨时不会束手无策，难以遏制，以至于使它最终发展成一场海啸。

让你的孩子闭上眼睛，安静地坐着或躺下，体会自己的内心。"注意你有何感受：兴奋、愤怒、悲伤、忧虑、满足、好奇。你可能会同时产生多种不同感受——比如既兴奋又有一点担心。不要试图做出改变——只需注意自己的感受。"如果我们能帮助孩子不带抗拒心理地接受自己的情绪，他们就能更好地管理各种强烈的感受。

埃利纳·斯内尔为孩子们写了一本关于正念冥想练习的书，《像青蛙一样静坐》，她在书中让孩子们用天气来描述自己的感受。让他们为你做个天气预报：他们的感受是晴天、暴风雨、刮风、无风、下雨，抑或处于飓风当中？通过体会并确定自己的感受，孩子可以让自己与自身感受之间保持一段距离。就像斯内尔描述的，孩子们可以认识到："我本身并不是倾盆大雨，但我注意到正在下雨；我不是个胆小鬼，但我意识到，有时候我会产生一种极为恐慌的感觉。"

6. 让思绪像云一样飘过

这是一项有趣的活动，可以和孩子们一起做，尤其是那些经常忧虑的孩子。让他们舒舒服服坐下来，闭上眼睛，按我们之前提到的方式调整呼吸。"你坐在这里，也许会注意到或者听到思绪飘过你的大脑。不必赶走这些思绪——这根本不可能——只需留心它们。假装你自己是一片浩瀚的蓝天——几片云彩完全不碍事，因为这里如此宽广。感受自己多么辽阔无边，脑海中的思绪就像小小的云朵，飘来飘去。不要试图抓住思绪的云朵，或者让它们飘近飘远。只要留心它们。也许你甚至能一一列举。'这个念头是关于晚餐。有些担心家庭作业。想了一下这个练习什么时候结束。现在回忆起我朋友今天说的话。'放松，享受在天空中自由飘荡的平静安宁。"片刻之后，请他们睁开眼睛，结束这次练习。

7. 陪伴孩子散步

孩子们小时候，几乎会留意每一件事情。还记不记得你曾经和蹒跚学步的孩子一起散步？在街上走到两三栋房子之外的距离，就要花很久很久的时间。从灌木丛下一只鸟发出的沙沙声，到人行道上那些神秘的裂缝，小家伙们觉得一切都很有趣。

当你去附近散步时，不妨和大一点的孩子一起提升自我意识水平。默默行走，花一两分钟时间倾听周围的声音。让孩子关注空气拂过身体的感觉。阳光是不是把皮肤晒得暖洋洋的？是否有一阵微风吹过？鼓励他们注意光线——透过树木闪烁的阳光，附近一辆汽车的反光。或者假装你们刚刚从另一个星球来到地球上，周围的一切都是全新的。想象一下你会如何看待刷了漆的栅栏，又会怎样惊叹于路边花朵的颜色。

8. 双手互搓

我们可以教会孩子通过一种非常简单的方法摆脱脑海中的思绪，回到当下，让他们快速搓动双手，感觉到双手摩擦变热。然后停下来，体会手上热热的麻刺感。这是一种简单快速的方法，可以把意识拉回到身体中。

9. 细尝每一口食物

味觉是一种强大的感觉，可以令我们迅速回到当下。建议你的孩子："想象你来自另一个国家——或另一个星球——那里没有这种食物。那些人从来没有见过它。咬上一口食物，开始咀嚼之前让它在嘴里转一圈。感受这口食物的味道——甜的还是咸的？注意口感——硬的还是软的？闻起来什么气味？咀嚼时会怎样？随着唾液的分泌，口感是否会发生变化？不必判定你是否喜欢这种食物，也不要思考怎样描述它。只需品尝即可，深入体会味道和口感。"

另一种做法是请孩子吃个苹果，同时仔细体会每一方面的感受。"感受你的手指围绕着这个苹果。体会它的重量和光滑。咬上一口，注意听你的牙齿刺入果皮的声音。汁液在口中四溢，注意它的味道——甜、酸、浓烈、清新？"

10. 正念倾听音乐

伊莱沙和斯蒂芬妮·戈尔茨坦，临床心理学家和"正念生活中心"的创始人，正在进行一项出色的工作，针对青少年的"平静"计划。所谓音乐冥想，就是运用青少年热爱的事物——音乐，促使他们体会内心感受！首先，悉心感受自身（让他们与自己的呼吸、身体、思想和情感联系起来），然后按下播放键，促使孩子们练习一边听流行音乐，一边集中注意力体会自己全身上下的感受。大家都喜欢这种活动！

11. 慢动作行走

慢动作行走也是一种有趣的正念冥想练习，把所有的意识集中在走出每一步的细微运动上。垂下视线，从而你可以把注意力集中在身体内部。按照比平时更缓慢的速度行走，首先注意你的脚跟有何感觉，然后是脚掌，最后是脚趾接触地面。注意另一只脚的动作——抬起这只脚，重心变化。你的脚踝、小腿、膝盖和大腿哪些肌肉有所动作？行走时哪些肌肉放松或紧绷？感受你的脚步是轻是重。注意发生变化时有何感受。

你可以只练习两三分钟，但如果能正念行走二十分钟以上，会更有意思。我在放松活动中安排这个项目时，通常要求参与者们不要说话，避免眼神接触，全神贯注体会走出每一步的感受。

12. 提出问题，建立自我意识

这项活动出自苏珊·凯泽·格林兰的著作《培养正念孩子》，她建议通过提问建立起更强的自我意识。为了提高注意力，问一问："你是精神集中，还是心不在焉，抑或处于二者之间？"关于清醒程度可以提问："你是感觉迟钝，还是精力充沛，抑或处于二者之间？"关于身体舒适度可以问："静坐是轻松，还是很难，抑或处于二者之间？"苏珊建议，可以鼓励孩子用大拇指向上、向下、向侧面的手势做出回答。这是一项很棒的练习，可以帮助孩子进一步了解自己的感受，通过言语交流和非言语交流的方式与人沟通。

13. 只专注于一件事

许多孩子自以为可以同时做几件事：做家庭作业，听音乐，在短信上与人交谈，全都同时进行。但多任务其实只是迅速在不同任务之间切换。研究表明，如果我们把注意力分配给几种不同的活动，工作质量会明显下降。学生做作业时一心多用，会导致理解得更少，记忆更差，也更难应用自己学到的东西。

如果你已经养成了一心多用的习惯，试着扭转过来，让孩子看到你每次全神贯注于一件事情上。

如果你发现孩子同时做几件事情，建议他停下来，做几次深呼吸，平心静气，把四处分散的注意力重新集中起来。让他在一两分钟之内只专注于一件事情。"体会你的呼吸，或者体内的感受，不要理会其他任何事物。现在，想一想你在论文里刚刚写下的那一段，真的把你想说的内容表达出来了吗？"你也可以建议孩子先彻底忘掉这一切，到大自然中休息一下。通过美好的户外活动稍作喘息，可以帮助我们重新把注意力集中于当下。

14. 舒展你的耳朵

很多孩子喜欢这项练习。从孩子每只耳朵的顶端开始，拇指放在内侧，食指放在外侧，稍稍用力，就像字面含义那样把她的耳朵"舒展"开来。沿着耳廓的曲线一直向下到耳垂。然后可以再重复几次。这是一种唤醒大脑的好办法。有时，我建议孩子在早晨感到昏昏欲睡时，或者在学校里参加考试之前，做一下这项练习。

你可以在任何时候练习正念冥想。事实上，我介绍的很多练习都可以在驾车时进行。但很多家庭发现，每天在同一时间进行简短的练习会带来很大帮助。有些人会把练习放在出门上学之前的几分钟，为眼前的一天带来好心情。即使只是三分钟的快速练习，也可以缓解早晨混乱状态导致的紧张心情。有些家长养成了睡前进行练习的习惯，让孩子放松，进入更轻松的状态。或者，你们也可以晚餐前在布置好的角落一起坐一会儿。

不要强迫你的孩子进行正念冥想，就像练钢琴或做作业一样。邀请他们参加。如果他们不感兴趣，那就顺其自然。很多家长对孩子提出建议时，孩子完全没有兴趣听。听起来是不是有点耳熟？我指导一位家长时，他告诉我，他是多么努力想要说服孩子某些事情对她有好处或有坏处，我问他："你女儿报名参加你的课程了吗？"他们停顿片刻之后，都笑了起来。我们都知道，如果孩子并没有请别人提出建议，对于强行灌输给他们的建议会非常抗拒，即使是有益的建议。所以，请尊重你的孩子，不要强迫他们进行正念冥想练习。如果你能把这些活动安排得充满乐趣，让孩子接受就毫无问题。如果不行的话，你也可以借这个机会练习怎样不受结果的影响，心如止水！

应对激烈情感的练习

1. 拥抱

哦，很明显孩子们都喜欢拥抱，但为了防止在你成长的家庭中，人们羞于把感情表现出来，导致你低估拥抱的价值，我还是需要写几句。

几乎所有的孩子被紧紧拥抱时，都将体会到深切的感情。与满怀关爱的照顾者进行身体接触，可以使他们还处于发育中、通常不太稳定的神经系统安定下来。但更重要的是，拥抱能直接传达孩子最需要知道的事情：她被人视为珍宝，被人深深地爱着。满怀爱意地久久拥抱，这是一种无声的交流，一切要说的都尽在不言中。

确实，有些孩子不适应亲密接触，但你肯定清楚自己的孩子是否属于这一类。对于大多数人来说，我建议尽量多多拥抱，以及类似的接触方式，比如亲吻他们的头顶。有些家庭对于拥抱做出了规定，家庭氛围急剧恶化时即执行此项规定。他们会停止大喊大叫，停止一切交涉谈判，张开双臂。

我很喜欢《诚实的孩子》（由本米·拉迪坦指导撰写）一书中对于祖辈拥抱的描写："祖辈的拥抱是神秘的。如果祖父母的拥抱是一种食物，就像外面裹了一层巧克力酱的软糖，卷在棉花糖里，由独角兽轻轻地呼吸保温。"她建议的步骤包括："清除头脑中的待办事项。你现在就在这里。"以及"就像今天是圣诞节一样微笑"。

拥抱你的孩子。如果他们不肯，用你的目光拥抱他们。他们会明白的。

2. 让眼泪落下来

父母会拼命努力，希望孩子不要哭。"别伤心了。""擦干眼泪。""没那么糟糕！"与我们身上所有神奇的系统一样，哭泣的生理机制是非常重要的。还记得"冷漠综合征"吗？心理学家用这个术语描述一些冷漠的孩子，他们对于我们威胁要做什么或者拿走什么，完全漠不关心。他们的心已经变硬，感情已经结冰。

当我们开始放慢脚步，静静地体会当下，长期压抑的痛苦情绪可能会浮上表面。我们很多人始终在不断前进，从而不会感受到未曾疏解的悲伤所带来的痛苦。但事实上，体会这些感受，才能让他们真正走出来，继续前进。如果能帮助孩子认识到，他们可以感受到自己的情绪，包括负面情绪，那该多好。

安妮·拉拉在她的文章《是什么让你哭泣》中写道：

> 情感是内在的，往往隐藏起来，而眼泪是外在的，能够被他人看到。作为一种明确的可视信号，说明这个人需要帮助。如果你身上有个流血的伤口，相当于在说："注意，做点什么治愈这个伤口。"同样地，泪水会告诉整个集体，一位成员温柔的内心正在流血。"注意，去帮忙。"泪水……你的眼泪，是你的身体通过这种方式告诉你，对你来说什么才是重要的。强忍泪水只是自欺欺人，掩饰内心最深处的真实情感……每一次未能流出的泪水，都意味着错过领悟的机会，未能得到教训，缺乏活力的时刻……泪水会引领我们回家。

有时候，为了孩子或我们自己，最好的做法就是静静坐着，让眼泪落下来。作家马克·加夫尼曾说，泪水会告诉我们，我们真正在意的是什么。我喜欢这句话。

鼓励你的孩子，如果内心浮现出强烈的感受，尽管让快乐和悲伤的泪水从眼眶中流出。如果孩子或你自己被强烈的情绪触动，尊重这些情绪。让泪水引领你回家，进入你的内心。

3. 金鸡独立

基姆·恩格，"因运动而存在"研讨会的推动者，提出了这种克服愤怒的方法。在你下一次与孩子发生激烈的争论或对抗时，试着在吵架时只用一条腿站立。（吵得越厉害，把另一条腿抬得越高。）这样几乎不可能继续生气。你可以让孩子一起做同样的事情。你用一条腿站着，感觉这似乎是一项荒谬的练习，但你随后会认识到，荒谬的不是这项练习，而是你的自负。金鸡独立的姿势会提醒你，你因为自负对于当前状况产生过度反应，其实完全可以不必纠结于此。我们可以利用任何不寻常的姿势或动作，让注意力不要完全集中于当前的心绪上，从而认识到我们的自负，进一步进行自我反省。

4. 指定一个和平角落

许多孩子告诉我，如果兄弟姐妹惹人讨厌的行为或父母的唠叨令他们感到生气，他们只希望自己一个人单独待一会儿。这实际上是一种健康的自我疗愈方式。实现"独处时间"的一种方式，就是指定房子里一个角落，孩子可以在那里从情绪的暴风雨中恢复过来。（这完全不同于孩子做错事时，被要求坐在椅子上反省或者面壁罚站。）把这个角落称之为和平角落或我们的安全岛，放个懒人沙发，还有舒适的毛毯。再放上一些橡胶球、毛根毛条、益智玩具、柔软的毛绒动物、软胶毛毛球、好闻的芳香剂、磁铁、无聊扭扭乐、木偶玩具，或者孩子喜欢的书或玩具。孩子心情不好时，让他知道，他可以在这个特殊的角落放松下来，远离一切令他烦恼的人。最后，也许你自己都会时不时用到这个角落！

5. 确定信号

虽然很多家长认为，孩子只是希望通过发脾气这种手段，得到他们想要的东西，但大多数孩子在情感上濒临极限、彻底崩溃时，心情确实极为痛苦，而事后基本上都会感到后悔。孩子们因剧烈的情绪而大发脾气时，他们不一定知道怎样让自己保持冷静。

我在书中经常谈到，为了避免亲子之间出现问题，找到根本原因很重要。但有时候，即使我们做出最大的努力，希望引导孩子避开狂风骤雨一般的情感，仍然没什么效果。不妨确定一个信号，如果孩子感觉自己在情感上即将失去控制，需要你的帮助，可以通过这个信号来提醒你。这种做法可以帮助孩子思考，她需要怎样才能重新恢复理智，对自己的行为负责，避免以后又这样发脾气，同时也不会感觉因为失去冷静受到我们的冷眼。

"亲爱的，你还记不记得，今天早上找不到想穿的那双鞋时，你感到多么烦躁？你看上去心情糟透了——仿佛心中掀起一阵狂风骤雨。"如果她同意你的说法，你可以顺着这个话题继续说下去："我希望能在你开始感到烦躁的时候帮助你。你能否想一想，我说些什么或做些什么，可以帮助你不要那么生气？如果我给你一个拥抱，或者一起出门散步几分钟，你觉得怎么样？也许让你单独待一会儿更好？在你开始失去冷静时，能不能通过一个信号告诉我？这样，我就可以做些能帮助你的事情——比如给你一个拥抱——而不会因为过于唠叨或提出意见导致火上浇油？"

有些孩子会选择一个特殊的词语——"甜马铃薯"，另一些孩子可能会发明一种手势（摆动一只手所有的手指，或者拉耳垂）。也可能用声音作为信号——"嘘"。

要知道，比起在孩子怒气冲天的时候，在气氛良好时谈话要容易得多。但如果能确定一个信号，把暴躁的行为扼杀在萌芽状态，可以帮助孩子们更好地了解和掌控自己的情绪。

深度放松的练习

1. 平息火气

这项练习能够为激动、愤怒或心绪不佳的孩子带来益处，帮助他们摆脱心烦意乱的旋涡。让你的孩子坐下或躺下，告诉他："闭上眼睛，想象你在一架小飞机里，飞过你身体的每一部分，寻找哪些地方处于紧张状态，就像灭火飞机在森林火灾中寻找灌木丛中的小火苗。也许你胃里发紧，或者你胸口堵得难受；也许你手心出汗，或者脖子僵硬。注意这些感受，想象'放松的洪水'淹没这片区域，扑灭体内紧张和愤怒的火焰。你在精神上为那些有压力的地方喷水灭火时，注意随之而来的那种美妙的放松感，享受这种感觉。"

2. 让身体各部分比赛

虽然听起来有点傻，但事实证明这种有趣的方法，可以令我们摆脱繁忙的思绪，实现深度放松。我躺下来，闭上眼睛，不是寻找身体上紧张的地方，而是搜索最放松的部位。我会对自己的身体宣布，我们正在进行一项比赛，最放松的部位获胜！有趣的是，随着我一路关注头部、颈部、背部、手臂、腿等，我注意到，每个部分都会更放松一点点，希望能"获胜"。这项活动整个傻乎乎的，没准反而会吸引你的孩子！

3. 通过吸管呼吸

在这项练习中，需要每个人找一根吸管。让你的孩子正常呼吸几次，然后用嘴唇叼着吸管吸进一口气，再慢慢呼出，一只手放在距离吸管末端两三厘米的地方。呼气越慢越好，目标是放在吸管末端那只手完全感受不到气流。两三次自由呼吸之后，让孩子吸进一口气，把吸管放回嘴里，再次像之前那样慢慢呼气，手上尽量不要感觉到任何气流。最终，不需要吸管就可以进行这项练习，只需在呼气时把一只手放在鼻子或嘴的外面，试着尽可能轻地呼出空气，令手上完全感受不到气流。

4. 送给孩子一个冷静手镯

郑重地把一个小手镯戴在孩子手腕上，称之为"专属于你的冷静手镯"。然后，找一项已证明能够帮助孩子感到平静安宁的活动，坐下来一起做这项练习。等你们完成这项练习后，让他摸一摸手镯，建议他把平静的感受倾注到手镯中，让手镯里充满冷静。"当你感到不安或愤恨时，摸一摸你的手镯，回忆一下冷静的感觉多么美妙。"

5. 大幅度摇摆

我在进行视力训练时学到了这项练习，然而发现，这不仅可以让我不再一直盯着电脑，从而有助于放松眼睛，也能帮助我恢复一种轻松的感觉。这也许和稳定的运动有关，就像被妈妈抱在怀里摇晃。

让孩子站好，双脚与肩同宽，告诉他："眼睛睁开，把上半身摇向右边，然后再摇向左边，双脚始终站在地板上，但在你转向一侧时可以踮起另一侧的脚后跟。眼睛不要盯住某一点，可以随意扫视。事实上，不要特意去看任何东西。在你从一侧摇摆到另一侧时，让你的眼睛闪烁不定地落在几百个小点上，不要集中在任何一个地方。"虽然这项练习时间越长，好处越多，但即使只有三四分钟时间，也能令人变得非常平静。

6. "婴儿式"姿势

瑜伽中有各种各样促进放松的姿势。我最喜欢推荐给孩子们的是"婴儿式"姿势。从跪姿开始，臀部落在脚后跟上，同时向前伸展身体，伏在垫子上。手臂位于身体两侧，垂放在垫子上，腹部贴在大腿上面，前额触地。这种姿势能够放松整个身体，也是有助于缓解压力的多种姿势之一。

全家一起做的练习

1. 互相表达谢意

在我为一家人进行咨询服务时，通常首先会让他们互相感谢。每一位家庭成员轮流站起来告诉其他每个人，在过去一周中要对他们表达谢意的一件事情。"爸爸，感谢你和我一起骑自行车。（哥哥）马克斯，感谢你让我在你的房间里和你一起玩，而没有把我赶出去。（妹妹）凯西，感谢你帮我找到了我的鞋。我忘了我把它们脱在了后院，但你还记得。妈妈，感谢你在我的麦片粥里放了杏仁，我喜欢吃这个。"每个人都等着听发言者会对自己说些什么，他们脸上有一种期待，几乎散发出幸福的光芒。这些简单的表述每次都令我感动，心里变得软软的。很多家庭定期进行这项活动。接受别人的感谢，几乎立刻就会改变我们对他的看法，即使他是你最讨厌的哥哥！

2. 注入更多乐趣

很多孩子的生活中，严重缺少乐趣。关于怎样在日常生活中注入更多的欢乐，下面给出了一些建议。我强烈建议你多和孩子一起玩！

和你的孩子一起在家里追逐嬉戏。

吹泡泡。

经常与他们打打闹闹。

在大家离开晚餐桌之前，围着餐桌游行，用手鼓和玩具笛伴奏。

捉迷藏。

枕头大战。

让每一位家庭成员在晚餐时讲个笑话。

吃饭前唱一首感恩的歌曲。

和邻居们一起安排一次卡拉 OK 之夜。

举办一次家庭迪斯科舞会，或者一起学习方块舞。

一起做饭。让孩子当主厨，安排菜单，你来做助理，剁肉切菜。

玩弹球游戏（至今仍是我最喜欢的游戏之一）。

举办猜谜比赛。

举办邻里才艺表演，全家一起表演节目。

当你要求孩子收拾玩具时，用外国口音和他们说话，或者耳语，或者假装你是童话王国的女王来命令他们。

与你的每一个孩子安排每月一次的约会之夜。去一个你们从未去过的地方。

在晚餐时吃早餐的食物。在外面的草地上吃饭，或者在公园里举办旧式野餐，与朋友们一起玩扔鸡蛋和接力跑。

一起荡秋千。

掷马蹄铁，丢沙包，扔飞镖。

书法（需要非常专心且很有创意的活动）。

在浅水池里戏水。

用粉笔在人行道上一起画画。画一幅全家代表作！

来一场对视比赛——眨眼的人输！或者不能笑比赛，每个人都拼命忍住不要笑出来。

组织全家演奏集体鼓乐。无论是手鼓，还是用木勺敲锅碗瓢盆——什么都可以。如果你家有个会跳舞的人，可以随着鼓声起舞。

每年一次，带孩子进行一次毫无计划的冒险：利用周末或假期，带孩子出发，"我们向左转还是向右转？"一边开车一边做决定。

拉尔夫·沃尔多·埃默森说："快乐的人才知道怎样玩。"与你的孩子一起享受乐趣，是改变人际关系 pH 值（第 3 章）和恢复亲密关系最快的方式之一。享受乐趣吧！

3. 每天三种乐趣

这是一项有趣的活动,可以和孩子一起做。它有助于把焦点从脑力活动(通常涉及带插头、带屏幕或带电池的东西),转到纯粹来自于人类身体的乐趣上。本部分改编自玛莎·贝克的《快乐饮食》。

请家里每个人补全下面的句子,分类列出他们喜欢的五样东西,并大声念出来。可以选一个人负责记录。然后,每天享受至少其中三种乐趣!

(1)我喜欢的味道;

(2)我喜欢的画面;

(3)我喜欢的感觉;

(4)我喜欢的气味;

(5)我喜欢的声音。

由此得到的发现,也许会把你们所有人引向长期被忽视的美妙活动。记住你喜欢丁香花的香味,会提醒你,你多么喜欢参观花店——通过这种简单的方法就能振奋精神。你也许会记起鸟鸣的声音多么令人放松,这促使你走向公园的长椅,沉浸在鸟儿们的歌声中。

4. 用心绘画

和孩子一起画画是一种很好的做法,可以令亲子双方一起专注于当下。让孩子选择一个简单的绘画对象,指导他画下自己看到的东西。让负责语言和逻辑的左半脑安静下来，把注意力集中在描绘眼前的物体上。注意细节。围着绘画对象走一圈，从不同的角度看一看。这种活动很适合与孩子一起做，唤醒孩子对于我们面前"是什么"的意识。

5. 讲故事

在这个过度数字化的时代，许多孩子都失去了在脑海中描绘画面的能力，导致他们更加难以享受一本好书带来的乐趣。讲故事能够为孩子带来快乐，激发想象力，帮助他们冷静下来。讲故事是一种历史悠久的活动，有各种各样的方法可以让孩子们参与其中。依偎在一起，创造一个独特的角色，看看你能编出一个怎样的故事。不要担心你是否"擅长"讲故事。你的努力就能为孩子带来快乐。

还有另一种选择，一起来讲"接龙"故事。你来开头，然后让每个孩子继续讲一两句，所有人轮流接龙，推进故事情节的发展。让每个孩子一起参与，可以确保他们集中注意力，投入其中。你们也可以选择去听故事。有不少天才朗诵者为孩子们带来生动的音频故事。我最喜欢的朗诵者之一是格瑞特豪制作公司的吉姆·韦斯。

讲故事（以及听故事）会令人放松，建立亲密关系，培养孩子集中注意力的能力。尽情享受讲故事的乐趣！

6. 倾听

虽然这是不言而喻的事情，但我还是要说，与孩子建立亲密关系的最佳方式之一，就是放下手头正在做的事情，倾听他的话语。对他感兴趣的东西表现出兴趣。提出问题。谈谈蜘蛛、芝麻街里的角色，或者天气变化。如果我们能全身心投入陪伴孩子，抱着开明且好奇的心态，进一步了解他们的内心世界，我们就能恢复彼此之间的亲密关系，加强感情。

在第 6 章中，我提到一项练习，称之为"三个肯定的回答"，它有助于增进彼此之间的理解和同情。下面是这项练习的一个例子，我和一位母亲以及她的儿子之间的对话。首先由托马斯花几分钟时间告诉妈妈一件令他感到困扰的事情。妈妈同意认真倾听，不要打断对方，翻白眼，或者为自己辩护。最后，她应该从托马斯那里得到三个肯定的回答，确保他感到对方倾听并认可他的感受，然后双方交换角色。

托马斯："妈妈，你在早晨如此暴躁，真的令我感到痛苦。我不喜欢你生气地走进我的房间，对我大吼大叫。你对珍的态度要好得多。这不公平。我早晨很困，我希望你能让我多睡一会儿。我不明白为什么我必须在 6:45 起床。我们 7:30 都还没出门，我不需要像珍一样用那么多的时间准备出门。我不想吃早餐，但你一定要我吃，可我甚至根本不饿。我可以在车上吃营养早餐棒。但你还是让我起床，坐在桌子旁边，我希望你能让我在床上多睡一会儿。我真的很困。这就是我想说的。"

妈妈："谢谢，托马斯。那么，我听到你说的一件事情是，你不明白自己为什么要这么早起床。你可以用少于45分钟的时间准备好出门。"

托马斯："是的。"（我举起一根手指，表示妈妈得到一个肯定的回答。）

妈妈："我也听到你说，你真的很不喜欢我在早晨大喊大叫。那种感觉真的很糟。"

托马斯："是的。没错。"（我举起两根手指。）

妈妈："我想，我听到你说，你希望能在车上吃早餐。"

托马斯："不是的，我只是想在车上吃一根营养早餐棒。不是整个早餐都在车上吃。"

妈妈："好的。你希望能在车里吃营养早餐棒。这样你可以在床上多睡一会儿。"

托马斯："是的！"（我举起三根手指，确认妈妈得到了三个肯定的回答。）

妈妈："好的——我明白了。谢谢你告诉我这一切。"

现在轮到妈妈了。她要对托马斯所说的内容给出郑重的回答，现在，轮到他需要得到三个肯定的回答，确保她感到对方认真倾听了自己的话语。

妈妈："我能理解，你在早晨真的非常困，很难起床。但这对我来说也很艰难。每天早上我走进你的房间时，都会感到极为紧张，因为我不想面对与你之间的另一次争吵。我必须在 8:30 上班，如果我没能按时送你们去上学，我就会迟到，然后我的老板一整天不会给我好脸色——甚至会认为我没有认真对待工作。我希望我们可以友好地开始每一天早晨，因为我爱你，和你吵架会令我伤心。

这会为我们两人带来伤害。我希望你能按时上床睡觉，这样你就不会那么困了，我们可以更友爱地开始每一天的生活，而不会让我一大早就感到非常紧张。"

托马斯："好的。嗯，我想你说的一件事情是，如果我们上学晚了，你就会迟到，在工作中遇到麻烦。"

妈妈："是的，没错。我不喜欢惹上麻烦——比如被领导叫到办公室之类——但我的老板会注意到我迟到了，他很不喜欢这样。"（我举起一根手指。）

托马斯："好的。然后我听到你说，你走进我的房间时感到紧张，因为你不想再次吵架。"

妈妈："是的。"（我举起两根手指。）

托马斯："嗯……我不记得还有什么了。"

我请妈妈再说一分钟左右，然后我们让托马斯来说。

托马斯："哦，是的。你还说，你希望我们能更快乐地开始每一天的生活。你说你爱我，你也不希望我们早上心情不好。"

妈妈："非常正确。谢谢你听我说话，托马斯。我真的很感激。"（我举起第三根手指，表示托马斯得到了三个肯定的回答。）

托马斯（非常害羞地）："好的。"

做这项练习时，我多次发现，仅仅是感到对方真的把自己的话听进去了，就能使人们更加同情惹他生气的人。这有助于营造更好的氛围，可以孕育出全新的可能性，让人们达成一致。换而言之，每个人都不再把对方视为敌人，而是感觉大家属于同一个团队。这是一种简单而有效的练习。

7. 早晨的告别仪式

送孩子去上学之前，安排一个简短的正念冥想练习，只需一分钟时间，就能使孩子更好地度过这一天。对于那些不愿离开家长的孩子，加入一个促进亲密关系的仪式，也能使分离变得更轻松。比如说手拉手一起做三次深呼吸。也可以是拥抱三秒钟，或者一起唱你们两人编的小曲。孩子们喜欢固定的仪式。你越是抱着感恩的心态亲密融入孩子的日常生活中，她自己以后越有可能继续这样做。

8. 致以微笑

人类如果希望彼此建立起亲密关系，最简单的方式之一就是互相致以微笑。这是一种全世界通用的方式，打动对方的心，建立信任，培养同理心。不仅如此，微笑还会为健康带来实实在在的好处！降低血压，放松身体，释放内啡肽，并且有助于减轻压力。对匆匆忙忙吃早餐的孩子露出一个亲热的微笑，对走进门来的妻子露出一个深情的微笑，这可以改变很多事情。

一个甜蜜的小花絮：产科医生凯里·安德鲁－贾贾，会为自己接生的每一个新生儿唱起《生日快乐》歌。至今，他已经用歌声迎接了八千多个婴儿来到这个世界。想象一下，如果孩子每次走进房间，我们都会默默欢迎他的出现，这会对他产生怎样的影响。让孩子感到自己被人们爱着，就像送给孩子一份美妙的礼物。

9. 带来爱的盛宴

我们都希望能够感受到，人们喜欢我们本来的样子。人们访问我的网站，订阅我的定期通讯时，会收到一个视频，里面介绍了一项练习，名为"汹涌而来的爱"。在视频中，我请父母写下孩子身上至少十件他们喜欢和欣赏的事情，然后专门留出时间，把这个清单读给他们的儿子或女儿听。很多家长都告诉我，这个简单的小活动——只需花费几分钟时间——显著改善了他们与孩子之间的关系。

如果我们让孩子知道，我们钟爱她本身的样子，相当于为她带来一场爱的盛宴。我强烈建议，告诉你爱的人，你喜欢他们身上哪些地方。

实现幸福充实生活的练习

1. 设定目标

大多数时候，我走进办公室开始接待客户咨询之前，都会定下清晰、明智的目标。每年，我都会主持一个"陪伴育儿"峰会，在四天内展开十五到二十次的一系列讨论，与会的各方面著名人士包括简・古多尔博士、阿里安娜・赫芬顿、乔恩・卡巴特－津恩、阿拉尼斯・莫里塞特，以及众议员提姆・瑞安。每次会谈开始之前，我都会花时间与每位来宾一起设定目标，应该怎样开展讨论活动，才能令我们与世界各地的父母心灵相通，带来启发、鼓舞和支持。

我坐进车里，会闭上眼睛，在发动汽车之前定下安全行驶的目标。

教会孩子设定目标是很容易的。只需让他们描述，他们希望事情怎样朝着积极的方向发展——也许是关于在学校里的表现或即将到来的考试。面对某种状况时，是否具有明确的目标，会对结果产生巨大的影响。

2. 表现出感恩

感恩，构成了本书中全部内容的基石。这能改变一切——我们如何面对生活中正在发生的任何事情，能否接受与我们交流互动的人，能否享受当下。感恩，能够把最艰难的经历转变为我们愿意接受的事情。关于感恩，我可以写整整一本书——其实已经有很多这方面的著作！也许你可以试着把下面这些做法融入你的生活。

如果你对某个人做的某些事情心怀感激，让他知道这一点。我们很容易忘记感谢别人表现出的善意，但要让对方知道我们注意到了而且十分感激，其实是很简单的事情。亲自说一句"谢谢你"就很好，尤其是在谈话中间暂停下来表达谢意时。可以发送短信或电子邮件告诉别人，你感激他们的努力。打个电话也很不错。但没什么能比手写的短笺更好，写好地址贴上邮票把它寄出去，收信人会把这些包含了谢意的语句读了又读，为此感到快乐。手写的信件是一种正在消亡的艺术——我认为我们应该恢复这方面的传统。如果你非常赞同这一点，可以鼓励孩子写几封感谢信——但一定要在轻松的氛围中进行。强迫孩子写感谢信，反而会使孩子在未来的生活中对此感到抗拒！

3. 在责备罐里放一枚硬币

我之前曾经提过，对自己的错误负责是非常重要的。别人也许会为我们提供机会，让我们为自己不好的行为辩解，但我们需要帮助孩子认识到，要对自己的行为负责。责备他人会妨碍我们承担起责任，令我们难以做出改变从而更加接近幸福，无论周围的人或环境是否符合我们的喜好。责备罐可以帮助家里每个人脱离受害者模式。做法很简单：如果有人因为别人犯了错误指责对方，就向罐子里投入一枚硬币（有些家长会规定出现牢骚和抱怨行为时也要投一枚硬币）。这种做法令我们更好地认识到，我们可以成为生活的建筑师，而非只能面对无法控制的事情听之任之。

4. 六分钟车程

找个离家不远的地方，每次开车去那里的时候，试着让这项活动成为惯例。从离开家到抵达食品店、学校或公园的一路上，大声说出令你心怀感恩的事物。这很容易。"我很高兴在这样一个寒冷的早晨能穿上这么暖和的夹克。""我们刚刚喝了美味的奶昔，我对此十分感激。""我很感谢你们——你们这些小家伙！"这段车程结束时，你会感到惊讶，每个人的心情有多么好——多么充满感恩！

5. 三十秒的感谢

下面是一些你现在就可以立即去做的事情。环顾四周，把目光放在眼前环境中的某样东西上。选择一些普普通通的东西，以前见过无数次的东西。比如你旁边的一杯水。仔细看一看它。停下来欣赏它。想一想设计这个玻璃杯的人，他怎样考虑这个杯子拿在手里的感觉、从中喝水的感觉——他根据你手掌的大小来确定杯子的尺寸，也考虑了把杯子放在嘴边时嘴唇的感觉。想一想杯子里的水——有人配置了过滤装置，除去水中的污染物，使你可以放心地喝水解渴。让自己对这简简单单的一杯水心怀谢意，这其中体现出的一切就在你旁边的桌子上。你一整天都可以这样做，对象几乎毫无限制。体会感恩的心态融入你的内心。

另一项三十秒的练习：在你回顾自己的幸福时，把手放在心口，感受自己的内心和灵魂。感恩的心态如同一股热流，在你的胸口蔓延开来，令你敞开心扉接受这一刻的奇迹。让这成为一种日常练习，可以改变你的生活。也许你甚至会在智能手机上设置闹钟，提醒自己每小时进行一两次练习，巩固感恩的心态！

6. 做一条感恩纸串

这也是一项可以和孩子一起做的简单活动。剪下至少二十条纸带，在每一条上写下你为之感恩的事情。然后做成一条纸串，挂在厨房、客厅，或者大门外面——提醒大家牢记感恩。多有意思！

7. 展望即将来临的一天

在早晨睁开眼睛之前，展望即将来临的一天，放松地对你可能遇到的每一个人心怀感恩——孩子、配偶、邻居、老板、同事。对于每个人，想象令你心怀谢意的至少五件事情。这绝对可以使你更顺利地度过这一天，这项练习也很适合在孩子们出发去上学之前与他们一起做。

8. 牢记好的事情

神经心理学家里克·汉森创造了"魔术贴－特氟龙综合征"这一术语。他说，因为大自然母亲更关注我们的生存，而非某个事件是否能为我们带来快乐，从而我们更趋向于牢记消极的经历，而非积极的经历。野猪的威胁会比小鸟啁啾的歌声留下更强烈的印象！

所以，消极的经历就像魔术贴一样牢牢固定在我们的意识中，我们一次又一次反复回顾这段经历，这往往发生在准备入睡的时候。（"我无法相信。我的老板没有感谢我为了那个项目加班到很晚。他不明白我工作多么努力！我投入了那么多时间。"）值得庆幸的是，我们可以改变逐渐陷入消极思维模式的状况。

我们的意识保持积极状态的时间越长，就会激活越多的神经元，并连接到一起，在我们的大脑中创造出一种追求幸福的美好气氛。因此，如果我们希望牢牢记住积极的经历（希望我们的特氟龙涂层不要轻易剥落），需要在至少二十秒的时间里把注意力集中在上面。汉森说："你的神经元越是被积极的事实激发，连接到的积极神经结构也越多。"

做一本感恩日记，写下每一天积极的经历。画出发生了什么特殊的事情，令你心怀感恩。要么告诉别人，要么大声自言自语——说出你所遇到的一切美好的事物。这些活动至少需要二十秒时间，确保你集中注意力能使神经元朝积极的方向转变。

9. 关注积极的事物

当你经历快乐的事情时——品尝甘甜多汁的蓝莓，和孩子一起欢笑，太阳晒在皮肤上暖洋洋的——允许自己沉浸在这些美妙的感觉中。让积极的感受像野火一样蔓延你的全身，促使你对于快乐更加敏锐。要知道，如果你一直体会到这种美妙的感受，你的神经元会受到激发，彼此连接到一起，创造出更持久的幸福通道。

10. 说"删掉，删掉"

我们无法选择自己的第一反应，但我们可以选择第二个。换而言之，也许我们大脑中会出现消极的想法，但这并不意味着我们必须在这条黑暗沉闷的道路上继续走下去。如果你脑海中出现消极苛刻的念头，比如"我不敢相信乔纳森居然这么自私"，或者"我永远搞不清怎么把这个榨汁机装到一起"，对自己说"删掉，删掉"。这个理念在于，如果你似乎要逐渐陷入消极状态，立即防患于未然，把这种可能性消灭在萌芽状态。

家长自己做的练习

1. 抛下船锚

我会过上怎样的生活，最佳预测方式之一就是，我是否始终与自己的灵魂紧密融为一体。这类似于海上的一艘船，一艘随波逐流的船，可能漂到几海里的航程之外，而一艘抛锚的船——即使处于惊涛骇浪之中——会始终停在抛下船锚的位置。

我们睁开眼睛面对新一天的早晨，无论有什么任务或活动正在等待我们，大多数人都会开始感受到压力。叫醒孩子，做早餐，准备午餐便当，查看电子邮件——无穷无尽的待办事项清单。我们很多人都会浮现出一种紧迫感——尽早开始，尽快做完，然后压力就会消失。但事实当然是我们刚从清单上画掉一件事，瞬间又会冒出另一件事。我们永远做不完，追不上，永远无法完成我们必须负责的一切。

如果我们在一天的生活中，无视自己内心的标准，即使只有片刻时间，也是自欺欺人。我发现，内心美好的感觉是能够让一切事情变得更好的秘方。如果我专注于自己的灵魂，会感觉更好，也能进一步找回自我。我诧异地摇了摇头，心想自己究竟浪费了多少日子，没有把更多的时间用在能为我带来快乐安宁的事情上。

但我忘记了一点。在复杂的现实生活中，我需要主动选择内心体验，有意识地远离外部世界的诱惑，在内心的水域中畅游。这并不容易。我自己也会被外部环境吸引。潜在的干扰无处不在：报纸、电视、电子邮件、需要浇水的花园、需要回复的电话。这还是没有孩子碍事的生活！我知道，对于小孩子的父母来说，想要抽出几分钟时间从内心的安宁源泉中汲取力量，都是很难做到的事情。

我在过去四十多年中一直坚持冥想，也发现，内心的感受需要我们加以关注。那就像一个小心试探而又魅力十足的恋人。如果我能设定一个明确的目标（即使只有很短时间），全神贯注地投入到内心体验中，偶尔走神也会把注意力拉回来，那么我得到的回报将是难以置信的内心体验：神圣、崇高、甜美、温柔。我可以成为真正的自我，我的内心快乐地载歌载舞，因为我花费时间为它带来最想要、最喜爱、最需要的东西。伴随着这种感受在周围回响，我可以度过眼前的一天，至少是部分时间，或者说，至少在外界噪音还没有变得非常喧嚣时。但即使到了那时候，我内心最深的地方仍然会记得，对我来说什么最为真实，而不会在汲汲营营中失去自我。

冥想是一种练习，不是一口就能吞下的药丸。我们需要时间了解自己，了解我们真正的样子。这是一件值得投入的事情。但不是每个人都愿意深入进去，这也不必强求。我们每个人都应该遵循自己内心的呼唤。

遵循内心的呼唤，要求我们安静聆听。集中注意力，体会是什么为你带来和平欢乐的感受。努力追求这种感受，给它送花，给它写情书。这种感受隐藏在你作为妻子、丈夫、伴侣、母亲、父亲的身份之下，意味着你真正的自我。它就像你的孩子一样，希望得到你的注目和关爱。需要你投入时间和注意力。把时间精力投在自己身上——超越外在的身份或者你扮演的角色——会得到极大的回报。为它留出时间。在开始一天的事务之前，抛下船锚，花费片刻时间体会内在的自我。我想你会喜欢这种做法的。

2. 什么都不做

选择一段十五分钟的时间，找个可以独处的地方。（我知道这说起来容易做起来难，但请你继续读下去。）可以是漫步的小径，家里的后廊，甚至在你的汽车里。确保这十五分钟时间不会受到干扰。玛莎·贝克把这描述为在你的生活中贴个"请勿打扰"的标记。

她继续说，下一步是，要么静坐冥想，要么进行一项不需要思考的重复性活动，让你的身体忙起来，比如步行、滑旱冰或者慢跑。眼见田野上草丛起伏，目睹池塘中泛起涟漪。

接下来，她会请你让大脑保持一片空白。"典型的人类大脑就像一台超级计算机，被一只疯狂松鼠的灵魂控制。它在不断地计算、预测、记忆、幻想、担忧、投入注意力，疯狂地从一个想法跳到另一个想法，再到另一想法。"在这个阶段，你只需观察自己的想法，无须进行评判。你可以把脑海中的思维想象成一只狂吠的小狗。你就像一头笨重的大象沿着道路慢慢走过去，随便那只无害的小狗汪汪叫。

最后一步，是创造一幅避难所的心理映像，当你充满压力或感到混乱时，可以让自己在这里抛锚安定下来。想象一个令你感到平静安宁的地方，一个世界停止的地方，你可以体会到深沉的休憩感与满足感。在十五分钟什么都不做的时间里，你可以在想象中造访这个地方。这种做法非常有助于恢复生活中安宁平衡的感觉。

3. 接触他人

我有时会在机场进行这项活动，但别的地方也一样。我走过机场，特意寻找有谁可以接触——对视，友好的微笑，点头致意。在这项游戏中，我经常发现，很难找到一个没有匆匆忙忙、四处乱转、不断看表、操心孩子的人，能够与之接触。但我时不时也会碰上好运气，另一双眼睛回报以亲切友好的目光，无论我们将要前往哪里，我们此时此刻就在这里，一切都很好。

4. 欣赏你自己

这也许是最困难的练习之一。当我和客户一起做这项练习时，有时候要花费很大力气才能让他们开始，但效果非常棒。

想一想你欣赏自己身上哪些品质：体贴、慷慨、耐心、幽默感。任何你喜欢自己的地方。如果觉得这很难，请你的朋友告诉你，他们欣赏你的五个地方。每天看看你的列表，尽可能经常添加一些内容。

除非我们能认识到自己的美丽和善良，否则我们将很难接受他人的关爱与合作。你一定要知道，你是上天赐予我们所有人的礼物。

5. 被触怒时体会内心想法

有时候，我们被触怒是因为孩子的行为与我们的信念发生直接冲突。如果在你自己长大成人的家庭中，要求孩子怎样做，他们就应该立即去做，绝对不能和父母顶嘴，那么，如果你的孩子不听话或顶撞大人，你很可能出现激烈的反应。

如果孩子的行为方式与我们天生的气质格格不入，也可能触怒我们。一个性格激烈的孩子更可能令他举止温和的母亲发火。我们也会因为感觉自己辜负了别人的期待而失去冷静，他们的意见对我们来说很重要——比如我们的配偶、朋友、婆婆，或者我们喜欢的育儿"专家"。

如果你意识到自己内心的育儿智慧已经不再管用，试试下面的练习。

第一步：安静下来。感受一下正在发生什么——你的小儿子想吃意大利面和黄油，或者你的女儿拒绝关掉电视。单纯体会一下你内心有何感受。

第二步：如果纷至沓来的想法开始令你愈发烦躁，问问自己："现在我脑海中听到的是谁的声音？"我的母亲还是父亲？抑或一位严厉的老师？

第三步：与其努力摆脱那个声音，不如假设它是善意的，和它好好相处。它的目的是什么？它想要让你避免什么，或者帮助你看到什么？也许它是在警告你，你还不够自信；也许是提醒你，你有失控的危险。

第四步：寻找藏在这个声音下面的需求。也许它是说："我担心你不知道怎样应对你的儿子；我担心，如果我不警告或批评你的育儿方式，你会不再约束他的攻击性倾向。"

第五步：简单记下你从中得到怎样的认识。对你内心的声音说："我收到了这些信息，我很感激，接下来我打算这样做。"

这项活动可以和心理治疗或育儿课程结合起来同时进行，你会在这个过程中更好地了解是什么妨碍了你努力保持冷静亲切。这样做并不容易，但极具启发性。

6. 通过跳舞发泄愤怒

发泄愤怒最快的方式之一，就是跳舞。穿上你最喜欢的一双舞鞋，跳起来！一两首歌之后，也许你已经忘掉是什么令你如此烦恼和愤怒！我经常会在一天开始的时候，做些充满活力的事情，或者在专注于写作一段时间后，通过跳舞来放松休息，重新找回自己的身体和活着的感觉。

7. 记下你怀念的事物

关注当下，意味着与此时此刻的生活建立起联系。意味着选择活在现在，即使"现在"与你想象的不同。意味着关注隔壁房间里孩子的笑声或吵架声。意味着坐在钢琴凳上帮你的儿子练习，陪着他磕磕绊绊弹出音符。

但有时候，在我们充分体会当下、面对眼前的事物之前，首先必须哀悼我们所失去的，或者至少是我们认为自己已经失去的。

安静一会儿。伴随着你的呼吸，把手放在心口，进入一种真正善待自己的状态。承认自己每天做出的努力，从早晨醒来到晚上入睡。让你的心变得柔软，你必须超越自己，也必须放弃一些东西。

对自己提出这个问题，等待回答，但不必强求："生儿育女之前的生活中，我怀念什么？"静静地等待。如果脑海中没有浮现出答案，那最好不过。如果你感觉到或听到的答案，一时难以理解，让它引领你前行。

关键在于，以充满爱和体贴的心态，面对整个自我，接受一切真实的答案，即使不是最符合实际的，或者不是全部真相。也许你怀念晚餐时从头到尾可以安静地坐着，不用跳起来为某个人拿某样东西。也许你怀念与爱人共度的悠闲时光。也许你怀念慢慢洗澡、独自在林中漫步的机会，也许你只是怀念曾经的心态，不会一直惦记着孩子在哪里，他们正在做什么，或者应该正在做什么。也许你怀念不受干扰写作、阅读、冥想的时间。你怀念的，也许只是在你变得与孩子密不可分之前，那个曾经的自己——也许当年的你更加愉快，更加放松，或者更加专注，效率更高。

反思这个问题。也许你希望大声说出自己想到的内容。同样，如果什么也没有想到那再好不过。不要强迫自己怀念一些你并不怀念的东西。但如果有什么妨碍你全面展现出自己的生活，给自己留出空间，让隐藏的东西浮现出来。

8. 问自己一些难以面对的问题

正如第 3 章中讨论的，很多时候，我们难以理解和陪伴孩子，是因为我们对于育儿生活的期待不太符合实际。现实也许和我们期望的完全不同，令我们感到失望、气馁，甚至悔恨。

这并不意味着我们不爱自己的孩子，或者我们希望没有生下他们。仅仅意味着，我们需要面对自己的感受，而非把它们扫到地毯下面藏起来。过高的期待会令我们陷入麻烦。如果你相信生个孩子可以巩固一段触礁的婚姻，也许你会发现，育儿不会消除只会增加夫妻间的压力。如果你想象生个孩子可以得到父母的认可，你可能会发现，这只会使他们继续批评你的育儿方式。如果你相信孩子会填补你空虚的内心和灵魂，你很可能会发现，孩子除了带来巨额开销之外，并不能起到这种作用。

也就是说，孩子们确实会为我们的生活带来很多东西，多到难以衡量。有时甚至能够使婚姻关系更牢固，令一个大家庭中产生更强大的纽带，让我们心里充满以前从未想象过的爱。问题在于，孩子们并非始终能起到这样的作用。最重要的是，改善我们的婚姻和家庭关系，帮助我们克服孤独感，并不是他们的责任。就像电影《甜心先生》里面那句台词——"你使我完整"——使我们完整并不是孩子的任务。如果我们带着这种需求养育孩子，会破坏正常的依赖层次。孩子希望能依靠我们——而不是为我们尚未满足的需要带来答案。

下面几个问题也许能够帮助你反思，你对育儿生活抱有的期待。我希望你能对自己诚实，但也要尽可能温柔。我们对于抚养孩子都有所期待。我们都希望家里多个孩子能让生活变得更美好。我们都有童年时代的伤口，希望长大后能够治愈的伤口。如果你发现，你期待孩子会赢得你的认可，为你带来更多的关注，或者让你感到自己不那么孤独，这完全没问题。如果你领悟到一些非常痛苦的认识，请向值得信任的专业人士寻求支持，帮助你战胜昔日的感受。

我曾经听过对一位母亲的采访，她一直跟踪自己二十七岁的女儿。在她工作时突然出现，在她最喜欢的咖啡店附近闲逛，一整天都会打电话给她"查岗"。她的女儿感到无地自容，迫切希望能有自己的空间。

这位母亲在采访中被记者追问时，她极富感情地宣布："我爱我的女儿！我整个一生都是一位母亲！这就是我所做的事情！我就是这样！"心理学家劝她重新开始追求生儿育女之前的兴趣爱好。她回答说："我没有任何其他兴趣爱好。我从来没有做过别的事情。我就是一位母亲。"她如此执着于为人父母的角色，忘记了自己是一个独立的人。在这个过程中，她正在剪掉女儿的翅膀。

下面是一些需要思考的问题：

你曾经希望父母为你做什么？你想象这会为你的生活带来怎样的变化？

你是否曾经希望生个孩子来填补一种空虚的感觉？

现实生活中的育儿与你的期望是否相符？

你是否有时会希望自己能够冻结时间？你是否曾经错过孩子生活的早期阶段，以至于很难接受他们现在的样子？

再次提醒，进行这项练习时要慢慢来，不要勉强。得到怎样的答案都没问题。

9. 被人评判的恐惧

如果孩子在公众场合或者和亲戚在一起时表现不好，很多父母尤其容易被触怒。这可能是心理学家玛丽·皮弗称之为"假想观众综合征"的问题，她创造出这个术语来描述青春期女孩强烈的自我意识。但父母们同样会出现这方面的苦恼，认为别人正在仔细观察他们的一举一动，一旦他们压制不住闹脾气的孩子，或者孩子忘记了要讲礼貌，就会毫不容情地评判他们。

如果患上假想观众综合征，我们害怕无法给自己重视的人留下好印象，就会进入律师或独裁者模式，试图控制孩子的行为，从而使自己在周围人眼中拥有良好的形象。

下列问题可以帮助你找到产生羞耻感或自我意识过剩的根源所在。

（1）你最害怕谁的评判？

（2）这个人对你的育儿方式印象不佳为何会令你感到苦恼？

（3）这个人的认可会为你带来什么？

（4）你还能从这个人的认可中得到什么？

（5）还有什么呢？

（6）你在3至5题中写下的答案，是否还有什么其他方式可以让你获得，而不需要这个人的认可？

这项练习会揭露出一些令人难以接受的事实，但更重要的是可以解放我们，令我们过上更加真实的生活，接受一切不完美的地方。

10. 看待孩子不要先入为主

有时候，我们过于注重自我和个性，反而看不到藏在名字、标签、先入为主的看法下面，我们和孩子真实的样子。试一试：暂时忘记孩子的名字。忘记她擅长什么，忘记她在作业或家务方面令你头疼的地方。忘记你是她的父亲或母亲。置身事外思考一下，把你的孩子视为这个身体容器中容纳的灵魂，以这种最亲密的方式与你共同走过人生道路。你可能会发现，孩子睡觉时更容易进行这项练习，但在孩子清醒时一起度过几分钟时间也很不错，试着把他视为你的灵魂、亲爱的兄弟姐妹。不要忘记，在这一生中，此时此刻你扮演着父母的角色。虽然你和你的孩子在精神层面上是平等的，但在现实中，你仍然是肩负责任的成年人。

11 "没事，没事"

父母总是在安慰孩子。他们受了一点轻伤我们就大惊小怪，忙着向孩子受伤的心灵中倾注爸爸妈妈的爱。

然而多么可悲，有时候我们自己受了伤，却如此残忍地对待自己。"我早就该知道的！""我不应该被那种事情困扰！"

我曾经反复提到，育儿是一件很困难的事情。确实，这几乎是不可能的任务，因此不可能不遇到真正艰难的时刻。这就是我喜欢下面这项练习的原因之一，也推荐你按自己的方式来做。

如果你感到不知所措或接近崩溃，就像对待受伤的孩子一样，温柔体贴地抚慰自己的心灵说："没事，没事。"我希望你能大声说出这句话。父母和他们的孩子一样，值得温柔和蔼地对待和安慰，但我们非常吝于承认，有时候情况如此艰难，几乎无法保持理智。

如果你下次再感到困扰、迷惑，或者对于自己之前的行为一直感到懊悔，告诉自己："没事，没事。"同时一定要安慰一下自己的心灵。

12. 一步一步改变

在我所有的著作、课程和演讲中，我不只是为父母们提供资料，带来激励，同时也努力帮助他们在生活中做出切实的改变。基于这样的想法，我希望你能思考一下，这本书中读到的哪些内容对你来说有着特别的意义？哪些内容会抓住你的注意力，或者促使你思考自己的育儿生活？也许迅速浏览一下全书会有所帮助，看看哪些内容会突显出来，或者提醒你希望将之融入自己的生活。

选择你希望在接下来三个月里为之努力的两件事。也许你希望在感到心烦意乱时，不带偏见地承认自己的一切感受。也许你决定要更加善待自己——不容许对自己说出负面的事情。也许你希望慢下来，更好地陪伴孩子。也许你决定要勇于道歉，对错误负起责任。

针对你希望做出的变化，设定现实的目标。如果你决定改变对孩子说话的语气，改变和他们一起共度的时间，改变你使用电子设备的频率，改变烦躁时无法面对内心感受的自己，改善面对压力时的冷静程度……好吧，你会看得到结果。试图一次改变所有的事情是不切实际的。不管怎么说，我相信你们大多数人的育儿方式已经非常棒了！我只希望你能集中注意力在两件事情上，可以为你的日常生活带来实质性变化的两件事情。甚至只选一件！

在笔记本上描述一下你希望在接下来三个月里做出的两项改变。在每个目标下面写一两句话，你为什么希望实现这个转变。这将为你的生活带来怎样的改善？也许你会迷失方向。就像在正念冥想的练习中，如果发现自己分心了，要温和地把注意力拉回到自己的呼吸上,如果你偏离了目标,没能遵循全新的行为方式,对自己温柔一点。如果你对自己保证不会过度沉迷于网络,上网一段时间后努力想关掉电脑时,也许会没完没了地指责自己。耐心一点,善待自己。

在每一天结束时,记下你为了实现某两项变化所取得的进步,即使要拿出放大镜才能找到一些东西!变化是逐步渐进的。有些日子,你似乎一直在后退、滑倒、摔跤。这也是意料之中的事情。继续努力下去,写下能够证明你正朝向目标前进的至少两三点证据。

有个故事,讲的是一个牧羊男孩希望自己能强壮到可以举起一只羊,但他发现这根本不可能,于是对父亲抱怨说,自己太瘦弱了。他的父亲找来一只刚出生的小羊羔,让儿子每天抱着这只小羊举起来,每一天都不例外。男孩认为父亲的吩咐毫无意义。毕竟,小羊羔这么轻,这么小,他的愿望是能够举起一只成年的羊!但他还是听从父亲的要求,每天举起那只小羊羔,他没有注意到,日复一日,小羊长得越来越大——他的肌肉也变得越来越强壮。最终,几个月之后,男孩意识到自己已经能举起那只成年羊了。

如果你致力于在生活中更好地认识自我,重视每一天中每一项小小的成就,你的家庭必然会发生变化。你总有一天能举起那只羊。现在就开始吧,举起那只小羊羔。

结　语

印度有个故事，一个人离开村庄去赚钱。几年后，他带着大量财产打算返回故乡，一个小偷假装成旅伴与他同行。他们每天一起行路，有钱人谈到自己赚了大钱，现在拥有这么多的财富，他打算去做各种各样的事情。每天晚上，两个人都住在一起。有钱人出去吃饭时，他的旅伴会把房间翻个底朝天，寻找他声称要带回村庄的那笔钱。

旅程的最后一天，两人已经来到那个村庄附近，小偷承认了自己的身份。"我必须告诉你，我是个小偷。我计划偷走你的财产，但每天晚上你离开房间时，我东翻西找，始终什么都找不到。既然现在你已经安全抵达故乡，告诉我，你真的有那么多钱吗？藏在哪里？"

对方回答说："我们第一次见面，我就知道你是个小偷，你想偷走我辛辛苦苦工作赚来的一切。这就是为什么我把钱藏在了你永远找不到的地方。"

"哪儿？你藏在哪里？"

那个男人回答："在你的枕头下面。"

如果我们能认识到，自己想要或需要的一切其实已经属于我们，就能获得真正的自由。但我们往往会忘记这一点。

尼尔·唐纳德·沃尔什在《与神对话》中让我们想象一下，上帝把我们带到人类生活中，让我们患上健忘症。我们忘记了自己是谁，从而当我们再次找到回家的道路时，会感受到巨大的喜悦。为了能够做到这一点，我们需要保持平静安宁。我们需要学会倾听内心的声音，呼唤我们回家的声音。

大多数人匆匆忙忙度过一天又一天，甚至完全忘记了还有一种内在的声音，低声邀请我们安于内心，享受当下，无论面对怎样的情况。孩子会提醒我们。他们提醒我们，我们的自然状态隐藏在生活带来的恐惧、谨慎和逃避下面。他们提醒我们能够成为怎样的人，如果我们在生活中抱有开放的心态，相信惊喜，寻找乐趣，心怀感恩。他们提醒我们，宝藏就藏在我们自己的枕头下面。

我们所寻找的一切就在这里。在日常活动中，在不眠之夜里，在动画片节目表下面，在棒球比赛观众的喊叫声中。就在这里，真正展开我们的内心和灵魂的可能性。如果我们欣然接受这样的时刻，就能找到自己殷殷期盼的一切。

曾我们有机会改变这个世界，每次改变一个孩子，同时也治愈和改变我们自己。多棒的机会！多棒的经历！

育儿确实是一次灵魂的朝圣。

享受育儿的每一刻。

出品人：许　永
责任编辑：许宗华
特约编辑：林园林
装帧设计：海　云
印制总监：蒋　波
发行总监：田峰峥

投稿信箱：cmsdbj@163.com
发　　行：北京创美汇品图书有限公司
发行热线：010-59799930

创美工厂
微信公众平台

创美工厂
官方微博